성화, 이미와 아직의 은혜

성화, 이미와 아직의 은혜

초판 1쇄 2019년 4월 19일
초판 3쇄 2024년 5월 20일

지은이 손재익
펴낸이 신은철
펴낸곳 좋은씨앗
출판등록 제4-385호(1999. 12. 21)
주소 서울시 서초구 바우뫼로 156(MJ 빌딩), 402호
주문전화 (02)2057-3041 주문팩스 / (02)2057-3042
good-seed21@daum.net
www.facebook.com/goodseedbook

ISBN 978-89-5874-316-3 04230

ⓒ 손재익

이 책의 저작권은 저자 및 저자와 독점계약한 도서출판 좋은씨앗에 있습니다.
신저작권법에 의하여 보호를 받는 저작물이므로 무단 전재와 무단 복제를 금합니다.

단단한 기독교 시리즈 10

성화, 이미와 아직의 은혜

성경과 신앙고백서, 요리문답으로 배우는 성화 교리

손재익

차례

추천의 글 • 6
여는 글 • 8

＊

1. 창조와 타락 사이에 무슨 일이 있었나? • 13
성화의 필요성

2. 신자가 되는 순간 이미 거룩한 성도 • 20
결정적 성화

3. 계속 거룩해야 할 성도 • 32
점진적 성화

4. 거룩하게 된다는 것은 무엇인가? • 41
성화의 정의

5. 누가 거룩하게 만드는가? • 49
성화의 주체

6. 어떻게 거룩하게 되는가? • 61
성화의 실천

7. 무엇을 통해 거룩해질 수 있는가? • 76
성화의 수단

8. 어디서 거룩함을 경험할 수 있는가? • 86
성화의 기관

9. 누구를 닮아 거룩하게 되는가? • 95
성화의 모델

10. 완전하게 거룩해질 수 있는가? • 102
완전주의의 허구성

*

성화 관련 추천도서 • 116
미주 • 120

추천의 글

성화는 모든 신자가 안고 있는 고민일 것이다. 믿음으로 값없이 의롭다 함을 받는다는 칭의의 복음은 희소식이지만 거룩하게 살아야 한다는 성화의 요구는 고역스러운 부담으로 다가온다. 이 책은 칭의뿐 아니라 성화 또한 믿음으로 말미암아 하나님의 은혜로 이루어진다는 복음을 전한다. 성화에 관한 의문을 쉽게 풀어 주며, 전통적인 성화론의 핵심을 매우 간명하게 정리하여 독자에게 많은 도움이 되리라고 본다.

박영돈 고려신학대학원 교의학 은퇴 교수, 작은목자들교회 목사

읽을수록 시원함이 느껴지는 책이 있는데 바로 이 책이 그렇다. 성경으로 성화 교리를 조목조목 설명해 주기 때문이다. 읽을수록 머리가 맑아지는 책이 있다면 바로 이 책이다. 교리의 개념이나 작동 원리를 명쾌하게 제시하기 때문이다. 성화와 관련된 중요한 책들을 꼼꼼하게 섭렵하고 알맹이만 뽑아 제시해 주고 있기도 하다. 저자가 성화의 삶을 실생활에서 생생하게 묘사하는 대목에선 여러 번 웃음도 터져 나왔다. 마지막으로 꼭 하고 싶은 말은 이것이다. 이 책은 읽을수록 가슴이 뜨거워진다. 우리를 위하시는 예수 그리스도의 탁월한 거룩의 모범과 지금도 쉬지 않으시는 성령의 성화 사역을 매우 진지하고 아름답게 서술하기 때문이다. 이 책을 읽기 이전과 이후는 같은 사람일 수 없다. 직접 읽고 경험해 보기 바란다.

우병훈 고신대학교 신학과 교의학 교수, 『처음 만나는 루터』 저자

여는 글

얼마 전 저는 '단단한 기독교' 시리즈를 통해 이신칭의 교리에 대해 이야기했습니다. 『나는 하나님 앞에서 의로울 수 있을까?』라는 제목으로요. 칭의 교리 원고를 기쁜 마음으로 탈고하여 출판사로 보내고 나서 며칠 후, 뭔가 모를 허전함이 제 마음을 두들겼습니다. 쓰다만 편지를 부친 기분이랄까요? 그림을 그리다 색칠을 덜 한 느낌이랄까요? 그러다 문득 이런 생각이 들었습니다. '칭의를 말했다면 성화를 말하지 않을 수 없겠구나.'

그렇습니다. 칭의와 성화는 서로 긴밀히 연결되어 있습니다. 둘은 분명히 구분되지만 절대로 분리될 수 없습니다. 칼뱅은 칭의와 성화를 가리켜 '이중 은혜'(double grace)[1]라고 부르며, 태양의 빛과 열처럼 서로 긴밀한 관계라고 말했습니다.[2] 실제로 칭의와 성화는 유기적인 관계로 얽혀 있습니다.[3] 하나님은 자신이 의롭다고 하신 사람을 반드시 거룩하게 하십니다. 성화하지 않을 사람을 결코 의롭다고 하지 않으십니다. 의롭다 하지 않은 사람을 성화시키지 않으십니다.[4]

하지만 막상 칭의에 이어 성화 교리에 대해 쓰려니 쉬운 일이 아니었습니다. 쓰다가 멈추고 쓰다가 지우기를 몇 번이나 반복해야 했습니다. 칭의 집필에 들였던 것에 비해 수십 배의 시간과 노력이 더 필요했습니다. 한자리에 앉아 오래 고민해야 했습니다. 성화를 실천하지 못하는 제 자신의 모습을 보았기 때문입니다. 거룩의 길이라면 몇 발자국도 내딛지 못한 내가 이 주제로 책을 쓸 수 있을까 하는 생각이 자꾸 들었습니다. 그럼에도 불구하고 좀 더 거룩해지고자 글을 계속 써 내려갔습니다. 의롭다 함을 얻었고(칭의), 이미 거룩함을 시작한(성화) 저이기에 이 책을 반드시 마무리해야겠다고 다짐했습니다. 아는 내용도 다시 점검하기 위해 여러 책을 읽으면서 저의 부족함을 더 깊이 깨닫게 되었습니다. 기도하면서 제 자신을 돌아보았습니다.

'성화'라는 주제 앞에서 작아지는 느낌을 받는 건 저만의 문제는 아닐 것입니다. 칭의가 하나님께서 선포하시는 일이라면,

성화는 막연히 우리가 무언가를 해야 하는 일인 것 같은데, 우리 삶에 여전히 존재하는 죄의 모습부터 떠오르기 때문입니다. 우리는 성화가 무엇인지 정확히 알 필요가 있습니다.

뜻밖에도 일반 신자들의 눈높이에 맞춰 성화에 대해 이야기하는 책이 많지 않습니다. 너무 어렵거나 분량이 많은 책이 대부분입니다. 그래서인지 성화에 관한 책을 사람들이 잘 찾지 않습니다. 성화는 실천의 문제이지 지식의 문제가 아니라고 생각해서일지도 모르겠습니다. 사실 이 세상의 모든 기독교 신자는 성화를 경험했고 경험하는 과정에 있습니다. 그래서 신자들을 가리켜 거룩한 무리, 즉 성도라고 부르는 게 아니겠습니까?

이 책을 통해 어렵고 멀게 느껴지던 성화를 좀 더 당연한 것으로, 친숙한 것으로, 나의 일로 여기게 되면 좋겠습니다. 성화에 대해 갖고 있는 오해도 풀면 좋겠습니다. 막연히 알던 것을 성경과 신앙고백서와 요리문답의 정련된 언어로 정확하게 인식하면 좋겠습니다. 그래서 지레 겁먹지도, 함부로 무시하지도 않으면 좋겠습니다. 그래도 되는, 그래야 하는 이유를 알려드리고자 합니다.

이 책은 사람이 하나님의 형상대로 창조되었음을 이야기하며 시작됩니다. 그 이유는 대부분의 신학자들이 성화를 정의할 때 하나님의 형상을 회복하는 것이라고 보기 때문입니다. 하나님께서 우리를 부르신 이유는 거룩하게 하시기 위해서입니다. 하나님은 우리에게 "거룩하다"고 말씀하셨고, "거룩하라"고 명하셨습니다. 더불어 거룩하게 되는 방편도 주셨습니다.

이제 이 책과 함께 저도 거룩의 길을 향해 한 발자국 더 내딛습니다. 혼자서는 감당하기 어렵겠기에 저를 거룩하게 만들기를 원하시는 삼위일체 하나님과 동행하려 합니다. 제가 속한 교회의 성도, 이 책을 손에 든 모든 성도 여러분과 함께하려 합니다. 하나님께서 '성도'라고 부르신 우리이기에 충분히 가능하리라 믿습니다. 이 책을 통해 성화가 무엇인지 깨닫고 성화를 실천해 봅시다. 이제 겨우 성화의 걸음마를 떼기 시작한 저와 함께 성화의 여정을 향해 나아갑시다. 한 걸음 한 걸음 주님과 함께 걸어갑시다. 마침내 우리를 거룩케 하실 하나님을 찬송합시다.

1. 창조와 타락 사이에 무슨 일이 있었나?

성화의 필요성

의롭고 거룩하게 창조된 사람

완전히 의롭고 거룩하신 하나님께서 태초에 세상을 창조하셨습니다. 하늘의 해와 달은 물론 땅 위의 동식물을 창조하시고, 마지막으로 사람을 창조하셨습니다. 하나님은 한순간에 모든 것을 창조하실 능력이 충분하지만 그러지 않으셨습니다. 하루하루 순서대로 질서 있게 세상을 창조하시고, 여섯째 날에 사람을 창조하셨습니다. 이러한 순서와 질서를 통해 사람이 얼마나 중요한 존재인지를 드러내셨습니다. 하나님께서 지으신 것이 다 귀하지만 사람은 조금 더 **특별한** 존재입니다.

사람이 특별한 이유가 또 하나 있습니다. 사람은 나머지 피조물과 다르게 창조되었습니다. 식물과 동물은 '각기 종류대로' 창조되었지만(창 1:11, 12, 21, 24, 25), 사람은 '하나님의 형상과 모양을 따라' 창조되었습니다(창 1:26-27). 얼핏 보면 그냥 지나칠 수 있으나 이것은 중요한 차이입니다. 식물과 동물에게는 하나님의 형상이 없습니다. 사람만 하나님의 형상으로 창조되었다는 것은 사람이 지닌 특별한 위치를 보여 줍니다.

하나님의 형상을 따라 창조되었다는 것은 무슨 뜻일까요?[1] 하나님께 우리와 같은 눈, 코, 입이 있을까요? 손과 발이 있을까요? 아닐 겁니다. 성경은 하나님을 '영'이시라고 말합니다(요 4:24). 사람이 하나님의 형상을 따라 창조되었다는 것은 그분의 성품이 사람에게 반영되었다는 의미입니다. 하나님이 원형(archetype)이고, 사람은 하나님의 반영(reflection)인 것이지요.

그렇다면 사람은 하나님의 어떤 점들을 반영하고 있을까요? 창세기는 이에 대해 명확하게 설명하지 않지만, 신약 성경에서 그 내용을 유추해 볼 수 있습니다. 대표적인 구절이 에베소서 4장 24절과 골로새서 3장 10절입니다.

> 하나님을 따라 <u>의</u>와 진리의 <u>거룩함</u>으로 지으심을 받은 새 사람을 입으라(엡 4:24).

> 새 사람을 입었으니 이는 자기를 창조하신 이의 형상을 따라 지식에까지 새롭게 하심을 입은 자니라(골 3:10).

이 구절들에 따르면 구원받은 사람은 하나님을 따라 다시 새롭게 지음을 받아 그분께 있는 지식과 의로움과 거룩함을 반영하는 존재가 됩니다. 거꾸로 말하면, 하나님의 형상에는 지식과 의로움과 거룩함이 있습니다. 사람이 처음 창조되었을 때 있었다가 타락하면서 사라진 이것이 이제 새 창조를 통해 회복되어야 한다는 말입니다.

태초에 사람은 하나님의 형상대로 지음을 받았고, 하나님께 속한 지식과 의로움과 거룩함을 가지고 있었습니다. 지, 정, 의가 온전한 사람, 하나님과 마찬가지로 전 인격이 거룩한 사람이었습니다. 하나님 앞에서 도덕적으로 책임질 수 있고, 옳고 그름을 분별하는 내적 감각이 있으며, 거룩하고 의롭게 행동할 수 있는 존재였습니다. 지성은 완전한 이해력을 갖추었고, 정서는 하나님의 정서를 소유했으며, 의지는 하나님의 뜻에 언제나 복종하게 되어 있었습니다.[2]

첫 사람 아담과 그의 아내 여자[3]가 그랬습니다. 그들은 죄가 전혀 없고 완전무결했습니다. 다른 피조물들과 달리 하나님과 직접 인격적인 교제를 나누었습니다. 하나님께서 보시기

에 심히 좋았습니다(창 1:31). 하나님의 형상대로 창조되었기 때문입니다.[4]

죄 때문에 타락한 사람

그러나 현재 사람의 모습은 어떻습니까? 의로운가요? 거룩한가요? 아닙니다. 왜 그렇게 되었습니까? 첫 사람 아담이 범죄해 원래 가지고 있는 하나님의 형상이 지닌 거룩함을 잃어버렸기 때문입니다.[5] 다른 것은 다 먹어도 되지만 동산 중앙에 있는 선악을 알게 하는 나무의 열매는 먹지 말라고 하신 하나님의 명령을 어겨 높은 지위에서 낮은 지위로 떨어지고 말았습니다. 그야말로 타락했습니다. 지, 정, 의가 모두 부패했습니다. 지성의 눈이 멀어 하나님의 살아 계심과 위대하심을 알지 못하고 자신이 죄인이라는 사실을 보지 못합니다. 감정의 충동으로 쉽게 정욕에 넘어지고 탐심에 빠집니다. 의지가 완고해 하나님의 뜻을 따르지 않습니다. 타락한 사람은 하나님께 속한 거룩한 속성을 모두 잃고 말았습니다. 원죄 때문에 부패한 본성을 소유하고 죄에 오염되었습니다.

그렇기에 우리는 비참한 존재입니다. 하나님의 형상을 상실한 인간은 엄밀한 의미에서 '참 사람'이라고 할 수 없습니다. 지금 이 땅의 모든 사람들은 하나님께서 처음 창조하셨을 때의 그 사람이 아닙니다. 하나님께 속한 지식과 의로움과 거룩함이 없는 '이상한' 사람입니다.

타락한 사람은 반드시 하나님의 형상을 회복해 '참된 형상'(reformed image)[6]이 되어야 합니다(롬 8:29). 나를 창조하신 하나님의 형상을 따라 지식과 의로움과 거룩함으로 지음받은 새 사람을 입어 참 사람이 되어야 합니다(엡 4:24).

칭의로 해결된 죄책, 여전히 남은 오염

타락한 사람은 죄의 절대적인 지배 아래 있습니다. 죄가 주인 노릇을 합니다(롬 6:12). 이러한 사람의 죄는 크게 죄책(guilt)과 오염(pollution)으로 구분할 수 있습니다.[7]

죄책이란 죄에 대해 져야 할 법적이고 형벌적인 책임을 말합니다. 오염이란 죄로 인해 실제로 더러워진 상태를 말합니다. 아담과 여자가 선악을 알게 하는 나무의 열매를 따 먹어 "정녕 죽으리라"는 벌을 받게 된 것이 죄책이라면, 죄가 전혀 없던 그들에게 죄의 본성이 생겨난 것이 오염입니다. 죄책은 하나님의 의로우심에 대응하며, 오염은 하나님의 거룩하심에 대응합니다.[8] 이렇게 사람은 죄책과 오염으로 첫 사람이 반영하던 의로움과 거룩함을 잃어버렸습니다.

죄책은 예수 그리스도를 믿는 순간 칭의로 해결됩니다.[9] 예수님께서 우리를 대신해 순종과 속죄를 행해 우리의 의로움이 되어 주셨고, 우리는 예수님을 믿을 때 그분의 의를 전가받아 의롭다 함을 얻습니다. 우리는 의롭지 않고 죄책을 해결할 만한 일을 하지 않았지만, 하나님께서 예수님의 의로움을 우리의 의로움으로 간주해 주셔서 우리가 의로움을 회복하게 된 것입니다. 우리는 칭의 덕분에 죄에 대한 책임을 질 필요가 없게 되었습니다. 죄 때문에 받아야 할 형벌을 예수님께서 십자가 고난과 죽음으로 다 받으셨습니다. 그분이 대신 형벌을 받으셨기에 칭의의 은혜를 입은 신자에게는 더 이상 죄책이 없습니다(롬 5:1, 6:7).

칭의를 통해 죄책이 해결되었지만 죄의 문제가 다 끝난 것은 아닙니다. 오염이 여전히 우리 안에 남아 있습니다. 우리는 의로워진 것이 아니라 의롭다는 여김, 즉 칭의를 받은 것이므로 죄의 오염 문제는 따로 해결해야 합니다. 죄책이 해결되었더라도 죄에 오염된 사람 속에서 온갖 악한 것이 나옵니다. 거룩함과는 너무나 거리가 먼 더러움이 뿜어져 나옵니다. 이 사실을 성경은 다음과 같이 말합니다.

> ²⁰또 이르시되 사람에게서 나오는 그것이 사람을 더럽게 하느니라 ²¹속에서 곧 사람의 마음에서 나오는 것은 악한 생각 곧 음란과 도둑질과 살인과 ²²간음과 탐욕과 악독과 속임과 음탕과 질투와 비방과 교만과 우매함이니 ²³이 모든 악한 것이 다 속에서 나와서 사람을 더럽게 하느니라(막 7:20-23).

이 모든 것이 죄의 오염에서 비롯됩니다. "만물보다 거짓되고 심히 부패한"(렘 17:9) 존재가 사람입니다. 이것이 세상 모든 죄인들의 모습입니다. 죄의 오염 문제는 어떻게 해결할 수 있을까요? 하나님의 형상이 지닌 거룩함을 상실한 죄인이 어떻게 하면 거룩함을 회복할 수 있을까요?

2. 신자가 되는 순간 이미 거룩한 성도

결정적 성화

예수님을 믿습니까? 그렇다면 당신은 그 믿음으로 예수 그리스도의 의로움을 전가받아 의롭다 함을 얻었습니다(롬 3:28, 갈 2:16, 빌 3:9). 이것을 칭의(justification)라고 합니다. 당신이 의로워지지는 않았지만 하나님께서 당신을 의롭다고 칭해 주시는 것입니다. 믿는 자는 믿는 동시에 의롭다 함을 얻으므로 죄책에서 자유로워집니다(롬 5:1, 6:7). 죄에 대한 법적이고 형벌적인 책임을 예수님께서 십자가에서 다 지셨으니까요.

그런데 문제는 여기서 끝나지 않습니다. 당신은 의인이지만 동시에 죄인입니다. 죄책은 사라졌지만 죄의 오염은 여전합니다. 죄의 절대적 지배는 끝났지만, 죄의 영향력은 좀처럼 사라지지 않습니다. 그리스도로 말미암아 의롭다 함을 얻었지만, 여전히 우리 안에 죄가 남아 있습니다. 육신의 정욕과 안목의 정욕과 이생의 자랑이 남아 있습니다(요일 2:16).[1]

칭의와 동시에 시작되는 결정적 성화

그럼에도 의롭다 함을 얻은 그리스도인은 동시에 거룩해집니다. 예수 그리스도를 믿는 순간부터 거룩해집니다. 그리스도를 믿을 때 심겨진 새로운 본성이 우리의 마음에 커다란 변화를 가져옵니다(겔 11:19-20, 36:26-27). 타락 때 심겨진 원리와는 전혀 다른 생명의 원리입니다. 그 원리가 우리로 하여금 믿음을 따라 살게 하고 거룩한 길로 나아가게 합니다.

우리의 구원은 오직 믿음으로 말미암아 오직 은혜로 주어지는데, 그 믿음은 우리를 의롭다 칭하게 하는 것으로 끝나지 않고 우리가 새 삶을 살 수 있는 근원이 됩니다.[2] 우리는 의롭다 함을 얻으면서 하나님의 성품을 더 잘 깨닫게 되고, 하나님의 뜻에 내 뜻을 굴복시키고자 하는 의지적 성향을 갖게 됩니다.[3] 그리스도로 말미암아 의롭다 함을 얻은 사람은 반드시 동시에 거룩하게 됩니다.[4] 그리스도는 우리의 의로움인 동시에 거룩함이시기 때문입니다(고전 1:30).

다시 말해, 칭의와 동시에 성화가 일어납니다.[5] 의롭다 함을 얻은 사람은 반드시 동시에 거룩하게 됩니다. 성화 없는 칭의는 불가능합니다. 이렇게 의롭다 칭함(칭의)을 얻는 동시에 거룩하게 되는 것(성화)을 '결정적 성화'(Definitive Sanctification) 혹은 '확정적 성화'라고 합니다.[6]

영국의 청교도 신학자 존 오웬은 이렇게 말했습니다. "칭의 교리는 기독교의 주요 요점이며 신앙을 떠받치는 주된 토대다. 그리스도인의 행실을 지도하며, 그 어떤 교리보다 복음으로 순종하는 삶에 관심을 갖게 한다."[7] 오웬의 말처럼 칭의는 우리를 자동으로 성화로 이끕니다. 성화로 이어지지 않는다면, 그것은 참된 칭의가 아닙니다.

결정적 성화의 성경적 근거

성화가 칭의와 함께 시작된다는 사실은 다음 성경 구절에서 확인할 수 있습니다.

지금 내가 여러분을 주와 및 그 은혜의 말씀에 부탁하노니 그

말씀이 여러분을 능히 든든히 세우사 거룩하게 하심을 입은 모든 자 가운데 기업이 있게 하시리라(행 20:32).

그 눈을 뜨게 하여 어둠에서 빛으로, 사탄의 권세에서 하나님께로 돌아오게 하고 죄 사함과 나를 믿어 거룩하게 된 무리 가운데서 기업을 얻게 하리라 하더이다(행 26:18).

로마에서 하나님의 사랑하심을 받고 성도로 부르심을 받은 모든 자에게…(롬 1:7).

고린도에 있는 하나님의 교회 곧 그리스도 예수 안에서 거룩하여지고 성도라 부르심을 받은 자들과 또 각처에서 우리의 주 곧 그들과 우리의 주 되신 예수 그리스도의 이름을 부르는 모든 자들에게(고전 1:2).

너희 중에 이와 같은 자들이 있더니 주 예수 그리스도의 이름과 우리 하나님의 성령 안에서 씻음과 거룩함과 의롭다 하심을 받았느니라(고전 6:11).

이 구절들은 예수님을 믿는 사람들이 믿는 동시에 거룩해졌음을 잘 보여 줍니다. 위의 구절들 중에 "거룩하게 하심을 입은"(행 20:32), "거룩하게 된"(행 26:28), "거룩하여지고"(고전 1:2)라는 단어는 헬라어 원어로 보면 완료 혹은 완료 수동태입니다.[8] 다른 누군가에 의해 이미 이루어졌다는 뜻입니다. 누구에 의해 이루어졌을까요? 우리를 구원하신 예수 그리스도와 성령 하나님을 통해 이루어졌습니다.

이처럼 성화는 믿는 순간부터 시작됩니다. 예수 그리스도와 성령 하나님께서 우리를 성화시켜 주십니다. 그리스도와 연합하고, 성령님께서 우리 안에 내주하시는 순간 성화가 이루어집니다. 신자는 거듭남(중생)과 의롭다 함을 얻는(칭의) 동시에 그리스도의 죽으심과 함께 옛 사람이 죽고, 그리스도의 다시 살아나심과 함께 새 사람을 입기에(롬 6:2-9, 갈 2:20) 이제는 죄와 죽음이 아니라 의와 생명의 지배를 받는 새 사람이 됩니다(롬 6:14, 18, 8:2). 그런 사람은 더 이상 죄 안에서 살 수 없습니다(롬 6:1-2).[9]

그래서 사도 바울은 말합니다. "내가 그리스도와 함께 십자가에 못 박혔나니 그런즉 이제는 내가 사는 것이 아니요 오직 내 안에 그리스도께서 사시는 것이라 이제 내가 육체 가운데 사는 것은 나를 사랑하사 나를 위하여 자기 자신을 버리신 하나님의 아들을 믿는 믿음 안에서 사는 것이라"(갈 2:20).

"그리스도 예수의 사람들은 육체와 함께 그 정욕과 탐심을 십자가에 못 박았느니라"(갈 5:24).

여기서 명심할 것은, 우리가 구원받은 뒤에 서서히 거룩해지는 게 아니라 구원받은 동시에 거룩해진다는 사실입니다.[10]

결정적 성화의 결과

의롭다 함을 얻은 동시에 결정적 성화를 시작한 그리스도인은 얼마간 죄에 영향을 받지만 절대적 지배는 받지 않습니다. "죄가 너희를 주장하지 못하리니 이는 너희가 법 아래에 있지 아니하고 은혜 아래에 있음이라"(롬 6:14)는 말씀처럼, 은혜의 지배 아래 있습니다.[11] 그리스도 안에 있는 신자에게는 더 이상 죄가 지배권을 행사하지 못합니다. 신자의 옛 자아는 십자가에 못 박혔고, 새 자아는 더 이상 죄의 노예로 살지 않습니다(갈 2:20, 5:24, 고후 5:17). 죄 된 몸에서 나오는 여러 욕망들이 점점 약해지며 죽습니다. 의롭다 함을 얻은 신자 안에는 성화를 향한 열망이 있기 마련입니다.

하나님의 구원 계획에는 우리의 거룩함이 들어 있다

하나님은 애초에 우리를 구원하실 때, 죄책뿐 아니라 죄의 오염도 해결하시려 했습니다. 우리를 구원하시는 목적이 거룩함에 있습니다. 이 사실을 성경 여러 곳에서 볼 수 있습니다.

> 사람들이 너를 일컬어 거룩한 백성이라 여호와께서 구속하신 자라 하겠고 또 너를 일컬어 찾은 바 된 자요 버림받지 아니한 성읍이라 하리라(사 62:12).

> 곧 창세전에 그리스도 안에서 우리를 택하사 우리로 사랑 안에서 그 앞에 거룩하고 흠이 없게 하시려고(엡 1:4).

> 우리는 그가 만드신 바라 그리스도 예수 안에서 선한 일을 위하여 지으심을 받은 자니 이 일은 하나님이 전에 예비하사 우리로 그 가운데서 행하게 하려 하심이니라(엡 2:10).

> 이제는 그의 육체의 죽음으로 말미암아 화목하게 하사 너희를 거룩하고 흠 없고 책망할 것이 없는 자로 그 앞에 세우고자 하셨으니(골 1:22).

하나님이 우리를 부르심은 부정하게 하심이 아니요 거룩하게 하심이니(살전 4:7).

주께서 사랑하시는 형제들아 우리가 항상 너희에 관하여 마땅히 하나님께 감사할 것은 하나님이 처음부터 너희를 택하사 성령의 거룩하게 하심과 진리를 믿음으로 구원을 받게 하심이니(살후 2:13).

그가 우리를 대신하여 자신을 주심은 모든 불법에서 우리를 속량하시고 우리를 깨끗하게 하사 선한 일을 열심히 하는 자기 백성이 되게 하려 하심이라(딛 2:14).

하나님께서 우리를 구원하신 이유는 우리로 하여금 그리스도 예수 안에서 선한 일을 하게 하시기 위해서입니다. 그래서 우리가 예수님을 믿을 때 우리를 거룩하게 하십니다. 성화는 그리스도와의 연합, 거듭남, 믿음, 칭의와 함께 일어나는 일입니다. 그리스도 안에서 그리스도와 함께 죽고 그리스도와 함께 다시 살아나는 순간 성화는 시작됩니다(롬 6:1-11, 고전 1:30, 갈 2:20, 엡 2:5-7).

웨스트민스터 신앙고백서에 암시된 결정적 성화

믿음과 동시에 시작되는 성화, 즉 결정적 성화는 17세기에 작성된 웨스트민스터 신앙고백서에도 암시되어 있습니다.[12]

제13장 성화(거룩하게 하심)에 관하여

1. 효력 있게 부르심을 받아 거듭난 그들은, 그들 안에 창조된 새 마음과 새 영을 가졌기 때문에 그리스도의 죽으심과 부활의 능력을 통해(고전 6:11, 행 20:32, 빌 3:10, 롬 6:5-6), 그분의 말씀과 그들 안에 거하시는 성령으로 말미암아(요 17:17, 엡 5:26, 살후 2:13), 실제적이고 인격적으로 더욱 거룩하게 된다(롬 6:6, 14). 온몸에 대한 죄의 지배가 파괴되고, 그 몸에서 나오는 여러 욕망들은 점점 약해지며, 죽고(갈 5:24, 롬 8:13), 그들은 모든 구원하는 은혜 안에서 점점 살아나 강하게 되어 참된 거룩함을 행하게 되는데(골 1:11, 엡 3:16-19), 이러한 거룩함 없이는 아무도 주님을 보지 못할 것이다(고후 7:1, 히 12:14).

거듭난 사람이라면 누구든지 거듭난 것에 머물지 않고 실제로, 인격적으로 더욱 거룩하게 된다는 고백입니다.

성도 : 거룩함을 시작한 사람들

결정적 성화는, 성도(聖徒)라는 말에도 그 의미가 담겨 있습니다. 우리는 이 말을 목사, 장로, 집사 등 직분이 없는 교인을 부르는 호칭으로 사용하기도 하지만, 사실 모든 그리스도인이 성도입니다. 로마 가톨릭은 소수 특정한 사람을 성인(聖人)의 반열에 올리지만, 성경은 그리스도 예수 안에서 거룩해진 모든 사람을 성도라고 부릅니다.[13]

우리 모두는 예수님을 믿고 그분 안에서 거룩해졌기에 성도, 즉 거룩한 무리입니다. 성도는 단순한 호칭이 아니라 그리스도 안에서 이미 거룩해진 사실에 근거해 부여된 영광스러운 상태입니다. 그리스도인 중에 성도가 아닌 사람은 아무도 없습니다. "저는 장로이지 성도가 아닙니다"라고 말한다면, 성도의 의미를 잘못 이해하고 있는 것입니다. 성도가 아니라면 아직 그리스도인이 아닙니다. 그리스도 안에 거룩함이 있고, 모든 성도는 그리스도 안에 있기 때문입니다.

신분의 변화는 반드시 상태의 변화를 수반합니다.[14] 우리 모두는 그리스도와 하나 되는 순간 성도가 되었고 거룩하게 되었습니다. 그리스도를 믿는 것이 모든 거룩함의 뿌리입니다. 그리스도에 대한 믿음이야말로 거룩함의 첫 걸음입니다.[15]

성화가 계속됨에 대한 확신

신자가 된 동시에 거룩하게 된 성도는 더 이상 죄 아래 거하지 않습니다. 때로는 죄의 유혹에 빠지고 죄와의 싸움에서 지지만 죄의 절대적 지배를 받지 않습니다. 신자는 은혜의 지배 아래 있습니다(롬 6:14, 18). 그리스도인은 더 이상 옛 사람이 아닙니다(골 3:9-10). 고린도후서 5장 17절은 "그런즉 누구든지 그리스도 안에 있으면 새로운 피조물이라 이전 것은 지나갔으니 보라 새 것이 되었도다"라고 말합니다.

중생, 칭의와 더불어 시작된 성화는 죄의 지배 아래 있던 사람을 은혜 아래에 있게 하고, 죄의 종 된 상태에서 자유케 합니다. 우리는 믿음으로 의롭게 될 뿐 아니라 계속해서 변화하며 죄를 이기는 삶을 살 수 있습니다. 그런 점에서 신자에게 성화는 이미 시작되었습니다. 아직 진보를 많이 이루지 못했더라도 일정 부분은 이미 거룩합니다. 바울은 신자들을 향해 이렇게 말합니다. "너희 자신을 죄에 대하여는 죽은 자요 그리스도 예수 안에서 하나님께 대하여는 살아 있는 자로 여길지어다"(롬 6:11).

이제 우리 삶의 주체가 하나님과 그리스도가 되었습니다. 그러므로 우리는 이미 성화를 시작했습니다. 이미 시작했으니 앞으로도 충분히 성화될 수 있다는 확신을 가지십시오.[16] 낙심하지 마십시오. 좌절하지 마십시오. 시작이 반이라는 말도 있잖습니까?

게다가 거듭날 때 우리 안에 들어오신 성령님께서 떠나지 않고 계속해서 우리를 거룩하게 해주십니다. 우리를 하나님의 전으로 거룩하게 해주십니다. 그러니 모든 성도는 반드시 성화의 길을 한 걸음 한 걸음 걸어가게 되어 있습니다. 은혜로 구원받은 신자는 방종이나 방탕에 빠지지 않고, 사랑 많으신 주님의 통치를 받으며 거룩한 열매를 맺는 삶으로 나아갈 수밖에 없습니다. 구원받은 사람은 거룩하게 살도록 부르심을 받았습니다. 하나님께서 우리를 구원하신 이유가 바로 거룩함에 있습니다.

3. 계속 거룩해야 할 성도

점진적 성화

신자 안에 남아 있는 죄

신자는 예수님을 믿는 동시에 거룩한 길로 들어섰지만 아직은 많이 부족합니다. 처음 창조되었을 때의 거룩한 모습과는 여전히 거리가 멉니다. 죄의 권세로부터 자유를 얻고 죄의 부패에서 건짐을 받았지만, 여전히 신자의 마음과 삶에 죄가 남아 있기 때문입니다. 이것을 죄의 잔재라고 합니다. 이것이 집요하게 신자의 삶을 괴롭힙니다. 죄의 절대적 지배에서는 벗어났지만 상대적 지배는 여전합니다.[1]

이러한 우리의 상태를 사도 바울은 다음 두 구절에서 아

주 잘 표현하고 있습니다.[2]

> 육체의 소욕은 성령을 거스르고 성령은 육체를 거스르나니 이 둘이 서로 대적함으로 너희가 원하는 것을 하지 못하게 하려 함이니라(갈 5:17).

> [21]그러므로 내가 한 법을 깨달았노니 곧 선을 행하기 원하는 나에게 악이 함께 있는 것이로다 [22]내 속사람으로는 하나님의 법을 즐거워하되 [23]내 지체 속에서 한 다른 법이 내 마음의 법과 싸워 내 지체 속에 있는 죄의 법으로 나를 사로잡는 것을 보는도다(롬 7:21-23).[3]

거룩함을 원하시는 하나님

이러한 신자의 상태를 잘 아시는 하나님은 우리가 계속해서 거룩해지기를 원하십니다. 성도는 몸과 영혼의 모든 오염을 씻어 내고 자신의 몸을 하나님께서 기뻐하시는 거룩한 산 제사로 드리며, 육체를 모든 정욕과 함께 십자가에 못 박고, 모든 지체를 의의 병기로 드리도록 부름받았습니다.[4] 이 사실을 다음 성경 구절들이 증언합니다.

[44]나는 여호와 너희의 하나님이라 내가 거룩하니 너희도 몸을 구별하여 거룩하게 하고 땅에 기는 길짐승으로 말미암아 스스로 더럽히지 말라 [45]나는 너희의 하나님이 되려고 너희를 애굽 땅에서 인도하여 낸 여호와라 내가 거룩하니 너희도 거룩할지어다(레 11:44-45).

너는 이스라엘 자손의 온 회중에게 말하여 이르라 너희는 거룩하라 이는 나 여호와 너희 하나님이 거룩함이니라(레 19:2).

너희는 나에게 거룩할지어다 이는 나 여호와가 거룩하고 내가 또 너희를 나의 소유로 삼으려고 너희를 만민 중에서 구별하였음이니라(레 20:26).

너희 육신이 연약하므로 내가 사람의 예대로 말하노니 전에 너희가 너희 지체를 부정과 불법에 내주어 불법에 이른 것같이 이제는 너희 지체를 의에게 종으로 내주어 거룩함에 이르라(롬 6:19).

¹그러므로 형제들아 내가 하나님의 모든 자비하심으로 너희를 권하노니 너희 몸을 하나님이 기뻐하시는 거룩한 산 제물로 드리라 이는 너희가 드릴 영적 예배니라 ²너희는 이 세대를 본받지 말고 오직 마음을 새롭게 함으로 변화를 받아 하나님의 선하시고 기뻐하시고 온전하신 뜻이 무엇인지 분별하도록 하라(롬 12:1-2).

하나님의 뜻은 이것이니 <u>너희의 거룩함이라</u>…(살전 4:3).

¹⁵오직 너희를 부르신 거룩한 이처럼 너희도 모든 행실에 거룩한 자가 되라 ¹⁶기록되었으되 내가 거룩하니 너희도 거룩할지어다 하셨느니라(벧전 1:15-16).

너희가 내게 대하여 <u>제사장 나라</u>가 되며 <u>거룩한 백성</u>이 되리라(출 19:6).

그러나 너희는 <u>택하신 족속</u>이요 <u>왕 같은 제사장들</u>이요 <u>거룩한 나라</u>요 <u>그의 소유가 된 백성</u>이니 이는 너희를 어두운 데서 불러내어 그의 기이한 빛에 들어가게 하신 이의 아름다운 덕을 선포하게 하려 하심이라(벧전 2:9).

이와 같이 하나님은 우리가 거룩해야 하는 이유를 누누이 말씀하십니다. 하나님은 이스라엘의 거룩한 분이십니다(사 5:19, 40:25 41:14, 16, 20 43:14-15, 47:4, 49:7, 54:5, 60:14, 렘 50:29, 겔 39:7). 그분이 우리에게 거룩하라고 명령하십니다.

남아 있는 죄와의 끊임없는 싸움

하나님의 요구에 따라 결정적 성화를 경험한 신자는 거기서 멈추지 않고 여전히 남아 있는 죄와 계속해서 싸웁니다(갈 5:17).[5] 성령님께서 내주하시는 신자는 마음에 근본적인 변화를 경험했기에 변화된 삶을 지속하려 합니다(갈 2:20, 5:24). 싸움에서 지는 일이 비일비재하지만, 그렇다고 싸움을 멈추거나 항복하거나 무기를 내려놓지 않습니다. 무엇보다 죄와 평화 협정을 맺거나 타협하지 않습니다.[6]

이것을 웨스트민스터 신앙고백서 제13장 2절은 "지속적이고 화해할 수 없는 싸움"이라고 표현하며 다음과 같이 설명합니다.

2. 이 성화는 전 인격에 걸쳐 일어나지만(살전 5:23), 이 세상에

서는 아직 불완전하다. 모든 부분에 여전히 부패의 잔재가 남아 있어(요일 1:10, 롬 7:18, 23, 빌 3:12) 지속적이고 화해할 수 없는 싸움이 일어나며, 육체의 욕망은 성령을 거스르고 성령은 육체를 거스른다(갈 5:17, 벧전 2:11).

점진적 성화

결정적 성화를 경험한 사람이 멈추지 않고 계속해서 성화를 이루어 가는 것을 '점진적 성화'(Progressive Sanctification)라고 합니다. 결정적 성화를 경험한 성도는 굳이 하나님의 명령이 아니라도 거룩함을 갈망하기 마련입니다(롬 6:2, 갈 2:20, 요일 3:3). 거듭날 때 신자에게 심겨진 새로운 본성에 따라 하나님의 거룩함을 닮고자 하는 마음이 생기기 때문입니다. 우리 안에 거하시는 성령님은 우리에게 거룩하게 살 것을 요구하십니다. 참으로 거듭난 성도는 거룩하기 위해 노력합니다. 때로 죄에 빠지더라도 그때마다 자신이 누구인지 다시 생각합니다.

실제로 그런 모습을 주변에서 찾아볼 수 있습니다. 주님을 모르고 살던 사람이 복음을 듣고 변화되어 거룩하게 살려고 애쓰는 모습을 봅니다. 예수님을 믿는 사람이 어쩌다 죄에 빠져 번민하고 안타까워하는 모습도 봅니다. 이러한 일들은 믿음과 성화가 분리될 수 없음을 잘 보여 줍니다.

성화의 점진적 성격은 고린도후서 3장 18절에 가장 잘 나타나 있습니다.[7]

> 우리가 다 수건을 벗은 얼굴로 거울을 보는 것같이 주의 영광을 보매 그와 같은 형상으로 변화하여 영광에서 영광에 이르니 곧 주의 영으로 말미암음이니라(고후 3:18).

이 말씀에 따르면 신자들은 그리스도의 형상을 닮기 위해 지속적, 점진적으로 변화되고 있습니다. 특히 "변화하여"라고 번역된 동사의 현재 시제와 "영광에서 영광에 이르니"라는 말은 이 변화가 어느 한순간에 일어나는 게 아니라 점진적으로 일어나는 것임을 보여 줍니다.[8]

때로는 멈추고 때로는 후퇴도

믿음으로 의롭다 함을 얻은 참된 신자는 거룩해지려는 성향을 갖게 된다고 했습니다. 그런데 이런 성향이 둔감해질 때도 있습니다. 영적으로 침체하며 죄의 나락에 떨어질 때가 있습니다. 반드시 어제보다 오늘이 더 낫고, 오늘보다 내일이 더 낫지 않습니다. 성도의 성화가 누적되는 건 아닙니다. 앞으로 나아가다 때로 후퇴하기도 합니다. 선 자가 넘어지기도 합니다(고전 10:12).

그러나 참 신자는 얼마간 시간이 지나면 자리를 훌훌 털고 일어나 다시 성화의 길을 갑니다. 궁극적으로는 앞으로 나아갑니다. 왜일까요? 때로 신자 안에 남아 있는 부패성이 훨씬 더 우세해지더라도, 거듭난 신자 안에 거하시는 성령님께서 신자에게 힘을 주어 마침내 승리하게 하시기 때문입니다(갈 5:16, 25).

성화는 평생에 걸쳐 계속됩니다. 이 사실을 웨스트민스터 신앙고백서 제13장 3절은 다음과 같이 설명합니다.

> 3. 이 싸움에서, 비록 남아 있는 부패가 한동안 훨씬 우세할 수 있지만(롬 7:23), 거룩케 하시는 그리스도의 영으로부터 계속해서 힘을 공급받아 거듭난 부분이 이긴다(롬 6:14, 요일 5:4, 엡 4:15-16). 그리하여 성도는 은혜 안에서 자라며(벧후 3:18, 고후 3:18), 하나님을 경외하는 가운데 거룩함을 완성한다(고후 7:1).

우리는 이러한 확신을 가지고 끝까지 성화의 길을 걸어가야 합니다. 때로 넘어지고 실패해도 성화는 이 세상에서 우리의 생명이 다할 때까지 반드시 계속될 것입니다. 무엇보다 우리 안에 계시는 성령님께서 이 일을 계속해 가십니다. "너희 안에서 착한 일을 시작하신 이가 그리스도 예수의 날까지 이루실 줄을 우리는 확신하노라"(빌 1:6).

4. 거룩하게 된다는 것은 무엇인가?

성화의 정의

성화가 뭐길래

지금까지 사람의 창조에서 시작해 타락, 거듭남, 칭의, 결정적 성화, 점진적 성화에 대해 살펴보았습니다. 이 세상의 모든 기독교 신자는 이 과정을 경험했고 경험하는 중에 있습니다. 그래서 신자들을 가리켜 성도라고 부른다고 했지요. 이 장에서는 성화가 무엇인지 다시 한 번 정리하며, 우리가 성화에 대해 갖고 있는 몇 가지 오해들을 바로잡고자 합니다.

성화란 하나님께서 우리를 죄의 오염에서 건져 주시고, 우리의 본성 전체를 하나님의 형상에 따라 새롭게 하시는 구원

사역입니다.[1] 죄와 허물로 죽었던 죄인이 예수 그리스도와 성령으로 구원받아 인격과 삶이 실제로 거룩하게 되고, 이를 통해 하나님의 형상을 회복하는 것입니다. 죄의 길을 버리고 의의 길을 살아가는 것입니다. 죄에 대해서는 죽고 의에 대해서는 사는 것입니다(벧전 2:24). 자기 자신을 위해 살던 사람이 하나님을 기쁘시게 하고 하나님의 영광을 위해 살며, 이웃을 내 몸같이 사랑하는 사람으로 변화되는 것입니다.[2]

성화는 전 인격에 걸쳐서 일어납니다(웨스트민스터 신앙고백서 제13장 2절). 성화가 일어나면 지식이 새로워집니다(고후 10:5, 골 1:10, 3:10). 감정이 변화됩니다(갈 5:22, 벧전 2:11). 의지도 영향을 받습니다(빌 2:13). 영혼뿐 아니라 육체도 영향을 받습니다(고전 6:19-20, 고후 7:1, 살전 5:23).

성화는 구원의 은혜 중에서도 핵심입니다. 그래서 성경에서 종종 '구원'이라는 말로 표현하기도 합니다(행 20:32, 26:18, 고전 1:2, 30, 6:11, 살후 2:13, 히 2:11, 10:14, 벧전 1:2). 그만큼 성화는 구원의 본질적인 부분입니다.[3]

성화가 무엇인지에 대한 설명으로 에베소서 4장 23-24절만큼 좋은 구절이 없습니다.

[23]오직 너희의 심령이 새롭게 되어 [24]하나님을 따라 의와 진리의

거룩함으로 지으심을 받은 새 사람을 입으라.

이 책을 꼼꼼히 읽었다면 이 구절이 낯설지 않을 것입니다. 사람이 처음 창조될 때 하나님의 형상을 따라 지음받았다는 것이 무엇인지를 설명하면서 제시한 구절입니다.

첫 창조 때 사람은 하나님의 형상을 따라 거룩하게 지음을 받았습니다. 하지만 타락하면서 그 거룩함을 잃어버렸는데, 이제 심령이 새로워지고 다시 거룩하게 되어 하나님의 형상을 회복해 가는 것이 바로 성화임을 이 구절이 잘 보여 줍니다.

성화에 대한 설명으로 웨스트민스터 소요리문답 제35문답도 아주 좋습니다.

> 35문: 성화(거룩하게 하심)란 무엇입니까?
>
> 답: 성화는 하나님께서 값없이 주시는 은혜의 사역으로서(살후 2:13), 우리가 하나님의 형상을 따라 전인(全人)이 새로워지는 것이며(엡 4:23-24), 점점 더 죄에 대해서는 죽고, 의에 대해서는 사는 것입니다(롬 6:4, 6, 롬 8:1).

성화란 창조주 하나님께서 의도하신 참된 인간의 삶을 영위하는 것입니다. 완벽하고 새로워진 인격으로 말미암아 하나님을 경외하며 죄를 죽이고 의를 살리는 삶을 사는 것입니다.[4] 그리하여 하나님과 이웃을 더욱 뜨겁게 사랑하며 사는 것입니다. 자신에게 주어진 모든 관계를 성실히 수행하고, 자신의 소질과 시간을 활용해 남을 섬기며, 사랑과 겸손과 순결과 하나님에 대한 열정을 유지하는 삶입니다.[5]

성화에 대한 오해

성화, 즉 거룩해지는 것에 대해 간혹 오해하는 경우가 있습니다. 단순히 착해지고 성품이 온유해지는 것으로만 생각하는 것입니다. 이 사람도 옳고 저 사람도 옳다고 말하고, 어떤 사안이든지 늘 침묵하며 미소를 짓고 다른 사람을 비판하지 않는 것을 성화라고 생각합니다. 그러나 그것은 지나치게 도덕주의적인 관념입니다. 성화란 단순히 착해지는 것이 아닙니다. 성경이 말하는 성화는 세상의 윤리와 다릅니다. 세상이 보기에는 착한 일이 아니더라도 하나님의 관점에서는 착한 일이 될 수 있습니다.

예를 들어 예수님을 생각해 봅시다. 당신에게 예수님은 어떤 이미지입니까? 예수님이 늘 자비와 인자만 베푸셨을까요?

물론 평소에는 그렇게 하셨습니다. 하지만 불의를 보면 화를 내셨습니다. 안식일에 손 마른 사람을 고치실 때 바리새인들의 완악함을 보고 탄식하며 노하셨습니다(막 3:5). 예루살렘 성전에 들어가서는 거기서 매매하는 사람들을 내쫓으시고, 돈 바꾸는 사람들의 상과 비둘기 파는 사람들의 의자를 엎으셨습니다(마 21:12). 때로 "독사의 자식들아"(마 12:34)라고 욕까지 하셨습니다.

바울도 그러했습니다. 바울은 바울파, 아볼로파, 게바파로 나누어진 고린도교회를 질타했습니다(고전 1:10-13). 이 사람도 옳고 저 사람도 옳다고 말하지 않았습니다. 또한 이방인과의 식사를 피한 베드로를 꾸짖었습니다(갈 2:11). 갈라디아교회를 향해 "어리석도다 갈라디아 사람들아"라고 말했습니다(갈 3:1, 3). 과연 바울이 성화가 덜 되어 그런 말을 했을까요? 그렇지 않습니다. 이러한 바울의 행동은 오히려 성화된 신자에게 나타나야 할 모습입니다.

하나님께서 미워하시는 것까지 사랑해 달라는 화평론과 타협하는 것은 성화된 사람이 할 수 있는 일이 아닙니다. 진리에서 벗어난 갈라디아교회를 향해 어리석다고 말하는 것이 오히려 성화된 모습입니다. 이후에 바울은 "분을 내어도 죄를 짓지 말며"(엡 4:26)라고 말하며 죄를 짓는 분노가 있고, 그렇지 않은 분노가 있음을 암시합니다.

성경은 모세를 가리켜 "이 사람 모세는 온유함이 지면의 모든 사람보다 더하더라"(민 12:3)고 말하지만, 그는 이스라엘 백성들이 하나님 앞에 범죄할 때 그들을 꾸짖었습니다.

성화는 단순히 도덕적 순결이나 박애주의를 의미하지 않습니다. 그저 착해지는 것이 아닙니다. 이편도 옳고 저편도 옳다고 말하며 모두에게 편들어 준다고 성화된 것이 아닙니다(마 5:37). 성화가 그런 것이라면 이 세상에 믿지 않는 사람들 중에도 착한 사람이 많은데 그들의 착함은 무엇으로 설명하겠습니까? 가난한 사람을 돕고, 약한 자의 억울함을 풀어 주고, 불의에 대항하는 일 등은 불신자도 할 수 있습니다.

웨스트민스터 신앙고백서는 성화로 말미암아 나타나는 열매인 착한 일을 가리켜 다음과 같이 정의합니다.

제16장 선행(착한 일)에 관하여

1. 착한 일이란 오직 하나님께서 자신의 거룩한 말씀에서 명령하신 것이지(미 6:8, 롬 12:2, 히 13:21), 사람이 말씀의 근거 없이 맹목적인 열심이나 어떤 선한 의도를 구실로 고안해 낸 것이 아니다(마 15:9, 사 29:13, 벧전 1:18, 롬 10:2, 요 16:2, 삼상 15:21-23).

2. 하나님의 명령에 순종함으로 이루어지는 이 착한 일은 참되

고 살아 있는 믿음의 열매와 증거다(약 2:18, 22). 믿는 사람들은 이 착한 일을 통해 자기들의 감사를 나타내고(시 116:12-13, 벧전 2:9), 확신을 굳게 하고(요일 2:3, 5, 벧후 1:5-10), 형제의 덕을 세우고(고후 9:2, 마 5:16), 복음의 고백을 돋보이게 하고(딛 2:5, 9-12, 딤전 6:1), 대적들의 입을 막고(벧전 2:15), 하나님께 영광을 돌리니(벧전 2:12, 빌 1:11, 요 15:8), 그들은 하나님께서 창조하신 바요 그리스도 예수 안에서 착한 일을 위해 지음받아(엡 2:10), 거룩함의 열매를 맺어 마침내 영원한 생명을 얻게 하시려는 것이다(롬 6:22).

성화와 하나님을 아는 지식

성화의 내용에서 꼭 기억할 점은, 하나님을 아는 지식이 자라 간다는 것입니다. 첫 사람이 하나님의 형상을 따라 지음받았을 때, 그 형상에는 지식이 포함되어 있었습니다. 여기서 지식이란 하나님을 아는 지식을 말합니다. 하나님을 아는 지식이 자라 가는 것도 성화입니다.

예수님은 "영생은 곧 유일하신 참 하나님과 그가 보내신 자 예수 그리스도를 아는 것"(요 17:3)이라고 말씀하셨습니다.

바울은 "우리가 다 하나님의 아들을 믿는 것과 아는 일에 하나가 되어 온전한 사람을 이루어 그리스도의 장성한 분량이 충만한 데까지 이르리니"(엡 4:13), "너희를 위하여 기도하기를 그치지 아니하고 구하노니 너희로 하여금 모든 신령한 지혜와 총명에 하나님의 뜻을 아는 것으로 채우게 하시고 주께 합당하게 행하여 범사에 기쁘시게 하고 모든 선한 일에 열매를 맺게 하시며 하나님을 아는 것에 자라게 하시고"(골 1:9-10)라고 말했습니다. 베드로는 "오직 우리 주 곧 구주 예수 그리스도의 은혜와 그를 아는 지식에서 자라 가라 영광이 이제와 영원한 날까지 그에게 있을지어다"(벧후 3:18)라고 말했습니다.

하나님을 아는 지식이 자라는 것이 성화인 이유는, 하나님의 뜻과 경륜을 알아야 우리의 성화가 이루어질 수 있기 때문입니다. 그렇다고 불균형하게 지식만 자라서는 바람직하지 않습니다. 성경과 교리를 배우는 일에만 열정을 쏟으며 진리를 탐구하는 것만이 성화가 아닙니다. 하나님을 아는 지식이 자라 가면서 하나님과 깊이 교제하고, 이웃을 열렬히 사랑하는 모습이 함께 나타나야 합니다.[6]

5. 누가 거룩하게 만드는가?

성화의 주체

성화란 말 그대로 거룩하게 된다는 뜻입니다. 누가 누구를 거룩하게 만드는 걸까요? 물론 거룩하게 되는 것은 우리입니다. 그렇다면 누가 우리를 거룩하게 하는 걸까요?

성화의 주체가 누구인가에 대해서는 역사적으로 늘 두 긴장이 있었습니다. 하나는 하나님께서 하신다는 것이고, 하나는 인간의 역할과 책임이 중요하다는 것입니다.[1] 과연 어떤 입장이 성경적일까요?

삼위일체 하나님께서 하신다

정답부터 말하자면 성화의 주체는 성부, 성자, 성령 삼위일체 하나님이십니다. 내가 나를 거룩하게 만드는 게 아니라 하나님께서 나를 거룩하게 만드십니다. 죄인인 우리는 스스로를 거룩하게 만들 수 없습니다. 그럴 능력이 전혀 없습니다.

삼위일체 하나님 중에서도 기본 주체는 성부 하나님이십니다. 이 사실은 다음의 성경 말씀을 보면 알 수 있습니다.

> 너희 마음을 굳건하게 하시고 우리 주 예수께서 그의 모든 성도와 함께 강림하실 때에 하나님 우리 아버지 앞에서 거룩함에 흠이 없게 하시기를 원하노라(살전 3:13).

> 평강의 하나님이 친히 너희를 온전히 거룩하게 하시고 또 너희의 온 영과 혼과 몸이 우리 주 예수 그리스도께서 강림하실 때에 흠 없게 보전되기를 원하노라(살전 5:23).

> 그들은 잠시 자기의 뜻대로 우리를 징계하였거니와 오직 하나님은 우리의 유익을 위하여 그의 거룩하심에 참여하게 하시느니라(히 12:10).

이 구절들은 모두 성화의 주체가 성부 하나님이심을 분명히 밝힙니다. 성부 하나님은 우리에게 죄에 맞서 싸울 수 있는 새 본성을 주시고, 우리가 할 일을 행하도록 힘을 주시고 격려하시며 가능케 하십니다. 교부 아우구스티누스는 이렇게 말합니다. "당신이 명령하시는 것을 행할 수 있게 해주시고, 당신이 원하시는 것을 명령하소서."[2]

성자 하나님도 성화의 주체이십니다. 이 사실을 가장 잘 보여 주는 구절이 에베소서 5장 24-27절입니다.

> [24]그러므로 교회가 그리스도에게 하듯 아내들도 범사에 자기 남편에게 복종할지니라 [25]남편들아 아내 사랑하기를 그리스도께서 교회를 사랑하시고 그 교회를 위하여 자신을 주심같이 하라 [26]이는 곧 물로 씻어 말씀으로 깨끗하게 하사 거룩하게 하시고 [27]자기 앞에 영광스러운 교회로 세우사 티나 주름 잡힌 것이나 이런 것들이 없이 거룩하고 흠이 없게 하려 하심이라.

예수 그리스도는 "물로 씻어 말씀으로" 교회를 깨끗케 하는 분이십니다. 그분은 말씀이라는 수단을 사용해 교회를 죄악으로부터 정결케 하십니다.

예수님은 성화의 주체이실 뿐 아니라 우리가 성화되는 데 필요한 모든 기초와 근거를 마련해 주십니다. 십자가에서 죽으시고 부활하신 것입니다. 성경은 "우리의 옛 사람이 예수와 함께 십자가에 못 박힌 것은 죄의 몸이 죽어 다시는 우리가 죄에게 종노릇 하지 아니하려 함이니"(롬 6:6), "그가 죽으심은 죄에 대하여 단번에 죽으심이요 그가 살아 계심은 하나님께 대하여 살아 계심이니"(롬 6:10), "친히 나무에 달려 그 몸으로 우리 죄를 담당하셨으니 이는 우리로 죄에 대하여 죽고 의에 대하여 살게 하려 하심이라"(벧전 2:24)고 말합니다.

이 구절들은 우리의 성화가 그리스도의 십자가 죽음과 부활에 근거함을 잘 보여 줍니다. 실제로 신자의 성화는 신자 개인의 의지와 노력에 달려 있지 않습니다. 칭의와 마찬가지로 예수 그리스도의 죽음과 부활과의 연합에 뿌리를 두고 있습니다. 예수님의 십자가 죽음에서 우리의 옛 자아를 파괴하는 효력이 나오고, 예수님의 다시 살아나심에서 우리의 새 생명이 생겨납니다.[3] 골로새서 2장 6-7절은 이렇게 말합니다. "그러므로 너희가 그리스도 예수를 주로 받았으니 그 안에서 행하되 그 안에 뿌리를 박으며 세움을 받아 교훈을 받은 대로 믿음에 굳게 서서 감사함을 넘치게 하라."

성자 하나님은 성화의 기초이자 근거이며 주체이십니다. 그리스도는 우리의 죄를 깨끗케 해주실 뿐 아니라, 죄를 짓지 않게 보호하시며, 죄를 이길 수 있게 해주십시오. 우리가 죄와 싸워 이길 수 있는 힘은 무엇보다 그리스도께서 십자가에서 획득하신 의에서 나옵니다(롬 6:10, 벧전 2:24). 우리가 그리스도의 죽음과 부활 안에서 그분과 연합하기 때문에 거룩해진다는 것을 기억하십시오(롬 6:1-11, 갈 2:20, 5:24, 골 3:1).[4]

성령 하나님도 성화의 주체이십니다. 성령 하나님을 가리켜 "성결의 영"이라고 부릅니다.[5] 그분이 하시는 가장 대표적인 일이 우리를 거룩케 하시는 것이기 때문입니다. 이 사실을 다음 구절들이 잘 보여 줍니다.

> 이 은혜는 곧 나로 이방인을 위하여 그리스도 예수의 일꾼이 되어 하나님의 복음의 제사장 직분을 하게 하사 이방인을 제물로 드리는 것이 <u>성령 안에서 거룩하게 되어</u> 받으실 만하게 하려 하심이라(롬 15:16).

> …그와 같은 형상으로 변화하여 영광에서 영광에 이르니 곧 <u>주의 영으로 말미암음이니라</u>(고후 3:18).

> 곧 하나님 아버지의 미리 아심을 따라 <u>성령이 거룩하게 하심으로</u> 순종함과 예수 그리스도의 피 뿌림을 얻기 위하여 택하심

을 받은 자들에게 편지하노니 은혜와 평강이 너희에게 더욱 많을지어다(벧전 1:2).

주께서 사랑하시는 형제들아 우리가 항상 너희에 관하여 마땅히 하나님께 감사할 것은 하나님이 처음부터 너희를 택하사 <u>성령의 거룩하게 하심</u>과 진리를 믿음으로 구원을 받게 하심이니(살후 2:13).

우리를 구원하시되 우리가 행한 바 의로운 행위로 말미암지 아니하고 오직 그의 긍휼하심을 따라 중생의 씻음과 <u>성령의 새롭게 하심</u>으로 하셨나니(딛 3:5).

성화는 삼위일체 하나님의 사역이지만 무엇보다 성령님의 사역입니다.[6] 하이델베르크 요리문답 제24문답은 성령 하나님께서 하시는 대표적인 사역이 성화임을 고백합니다. 성령님은 우리를 거룩케 하는 분이십니다. 성화를 통해 그리스도인은 성령으로 말미암아 살고 성령의 열매를 맺으며(갈 5:16, 22), 사랑 안에서 살며(엡 5:2), 진리를 행하며(요이 4절), 그리스도를 위해 삽니다(고후 5:15).[7]

믿지 않던 사람이 거듭날 때 성령님께서 그 사람 안에 들어가 거하십니다. 이를 통해 그는 자신의 죄인 됨을 깊이 깨닫고 그리스도를 주님으로 믿고 고백합니다. 성령님께서 그 사람 안에 계속 내주하시며 그를 거룩하게 해주십니다. 온갖 좋은 인격의 열매를 맺게 하십니다(갈 5:22-23). 그리스도를 닮아 가게 하십니다. 우리가 성령님 안에 살고 성령님께서 우리 안에 살면, 우리는 거룩하게 살게 됩니다. 갈라디아서 5장 16절은 "내가 이르노니 너희는 성령을 따라 행하라 그리하면 육체의 욕심을 이루지 아니하리라"고 말합니다.

이렇듯 성화를 위한 삼위 하나님의 사역은 한 팀이 되어 일하시는 협력 사역입니다.[8]

사람이 참여하는 일이다

다시 말하지만, 성화의 궁극적인 주체는 삼위일체 하나님이십니다. 성부, 성자, 성령이 우리를 거룩하게 만들어 가십니다. 우리 자신의 노력과 능력으로 이루는 것이 아닙니다. 죄와 허물로 죽었던 우리는 본질상 진노의 자녀이기에 스스로를 거룩하게 할 수 없습니다. 첫 조상 아담의 원죄를 이어받아 성화를 실현할 수 없는 연약한 자들입니다. 성화는 인간이 노력

한 산물이 아니라 하나님의 은혜이자 선물입니다.[9]

그럼에도 성화에는 우리의 책임 있는 참여(반응)가 포함됩니다(고후 7:1, 빌 2:12-13).[10] 존 오웬은 "성령은 우리 안에서 우리와 함께 역사하시며 우리 없이 우리를 거슬러 역사하지 않으신다"라고 말했습니다.[11] 그렇습니다. 성령님은 성화를 이루실 때, 사람을 제외하거나 사람의 의지를 거슬러 역사하지 않으십니다. 사람과 함께 사람 안에서 일하십니다. 성화는 하나님 홀로 하시는 사역이 아니라, 하나님께서 우리 안에서 우리와 함께 하시는 사역입니다. 우리의 멱살을 잡고 억지로 끌고 가지 않으십니다. 우리를 말씀으로 감화시키고 설득하십니다. 이 사실은 성경에서 악과 유혹에 맞서 싸우라는 권면과 거룩한 생활을 강권하는 촉구를 보면 알 수 있습니다(요 15:2, 8, 16, 롬 8:12-13, 12:1-2, 9, 16-17, 고전 6:9-10, 갈 5:16-23, 6:7-8, 15, 빌 2:12-13, 히 12:14 등).[12]

사도들은 신자들에게 다음과 같이 권면합니다.

> 그런즉 사랑하는 자들아 이 약속을 가진 우리는 하나님을 두려워하는 가운데서 거룩함을 온전히 이루어 육과 영의 온갖 더러운 것에서 <u>자신을 깨끗하게 하자</u>(고후 7:1).

내가 이르노니 너희는 성령을 따라 행하라 그리하면 육체의 욕심을 이루지 아니하리라(갈 5:16).

¹²그러므로 나의 사랑하는 자들아 너희가 나 있을 때뿐 아니라 더욱 지금 나 없을 때에도 항상 복종하여 두렵고 떨림으로 너희 구원을 이루라 ¹³너희 안에서 행하시는 이는 하나님이시니 자기의 기쁘신 뜻을 위하여 너희에게 소원을 두고 행하게 하시나니(빌 2:12-13).

모든 사람과 더불어 화평함과 거룩함을 따르라 이것이 없이는 아무도 주를 보지 못하리라(히 12:14).

사랑하는 자들아 거류민과 나그네 같은 너희를 권하노니 영혼을 거슬러 싸우는 육체의 정욕을 제어하라(벧전 2:11).

위의 말씀대로 성화되기 위해서는 신자 스스로의 성실한 참여가 필요합니다. 거듭남과 칭의에서는 사람이 할 수 있는 일이 하나도 없지만, 성화에서는 충분히 할 수 있는 일이 있습니다. 신자는 성화에 능동적이고 자발적으로 협력해야 합니다. 성화는 근본적으로 우리 안에서 일어나는 하나님의 역사이지만, 우리가 수동적으로 가만히 있는 상태에서 진행되는 게 아니라 계속 노력하는 가운데 이루어집니다.[13]

하나님은 거룩해지고자 하는 성도를 거룩하게 하십니다. 성화의 의지가 없는 사람, 순종하지 않는 사람, 실천하지 않는 사람에게 성화를 진행하지 않으십니다. 그러므로 우리 모두 진실한 마음으로 기쁘게 성화를 실천하는 데 힘써야 합니다. 하나님께서 우리 안에서 일하시도록 자리를 내어 드려야 합니다.

이에 대해 웨스트민스터 신앙고백서 제16장 3절이 잘 교훈하고 있습니다.

> 3. 착한 일을 하는 그들의 능력은 결코 그들 자신이 아니라 전적으로 그리스도의 영에서 나온다(요 15:4-6, 겔 36:26-27). 그들이 착한 일을 행할 수 있으려면 이미 받은 은혜 외에 자기의 기쁘신 뜻을 위하여 원하고 행하시도록 그들 안에서 역사하시는 같은 성령의 실제적 영향이 요구된다(빌 2:13, 4:13, 고후 3:5). 그러나 성령의 특별한 활동이 없으면 아무런 의무를 실천하지 않아도 되는 듯이 나태해져서는 안 되며, 오히려 자기 안에 있는 하나님의 은혜를 불러일으키도록 힘써야 한다(빌 2:12, 히 6:11-12, 벧후 1:3, 5, 10-11, 사 64:7, 딤후 1:6, 행 26:6-7, 유 1:20-21).

성령님께서 우리의 참여를 이끄시지만, 신자의 마음속에는 이미 거듭날 때 자기를 거룩하게 하고 싶은 경향이 심겨집니다. 참으로 거듭난 사람은 성화에 참여하기를 기뻐할 것입니다(요일 3:3). 예수 그리스도를 믿음으로 의롭다 칭함을 얻은 사람은 그것에 만족하지 않고 더욱 거룩해지기를 갈망합니다(롬 6:2, 7:4, 갈 2:19).

그렇다고 우리의 의지와 결단을 지나치게 신뢰해서는 안 됩니다. 우리가 약할 때 그리스도께서 강함 주심을 기억하고 교만하지 말아야 합니다. 우리 안에 변화를 일으키시는 분은 하나님이지만, 우리는 우리를 새롭게 하시는 성령님께 우리의 마음과 생각과 뜻을 복종시켜야 합니다.[14]

우리 안에서 행하시는 이

혹시 칭의는 하나님께서 하시고, 성화는 우리가 한다는 생각을 한 적이 있습니까? 성화를 '실천'한다고는 하지만, 그것은 결코 우리의 노력으로 되지 않습니다. 성화의 능동적 주체는 우리가 아니라 삼위 하나님이십니다. 성화는 우리가 노력한 결과물이 아니라 하나님께서 하시는 은혜의 사역입니다(웨스트민스터 소요리문답 제35문답).

특히 성령님은 하나님의 백성을 그리스도와 연합시키시고, 거듭나게 하시며, 의롭다 칭하게 하실 뿐 아니라 거룩하게 만들어 가십니다. 그러므로 우리는 우리의 선행을 자랑하거나 공로로 내세울 수 없습니다. 모든 영광을 오직 삼위일체 하나님께 돌려야 합니다. 그럼에도 하나님은 우리의 참여를 배제하지 않으십니다. 우리의 합당한 반응을 이끌어 내어 성화를 이루어 가십니다. 하나님께서 우리 안에서 역사하시고, 우리는 그 역사하심에 반응하며 노력합니다.

기억하십시오. 우리 안에서 착한 일을 시작하신 하나님께서 그리스도의 날까지 계속하실 것입니다. 성부 하나님께서 시작하신 이 일을 성자 예수님은 성령 하나님 안에서 지금도 계속하십니다. 삼위일체 하나님의 일하심을 기억하며 성화를 이루어 가기 위해 진력하십시오. 예수님의 죽으심과 다시 살아나심을 믿고, 성령님의 은혜와 도우심에 의존하십시오. 바울의 심정으로 권면합니다. "두렵고 떨림으로 너희 구원을 이루라 너희 안에서 행하시는 이는 하나님이시니"(빌 2:12-13).

6. 어떻게 거룩하게 되는가?

성화의 실천

하나님의 방법

성화는 삼위일체 하나님께서 이루어 가시는 일로서 그분의 은혜로운 사역입니다. 하나님은 어떻게 이 일을 이루어 가실까요? 칭의가 예수 그리스도의 의를 전가(imputation)하는 방식이라면,[1] 성화는 하나님과 그리스도의 거룩함을 분여(分與, impartation)하는 방식으로 이루어집니다. 분여란 한자에서 보듯 나눠 주는 것입니다. 성령님은 하나님과 그리스도의 거룩함을 우리에게 나눠 주십니다. 그 결과 우리는 내면의 본성이 하나님의 거룩한 본성을 드러내는 삶을 살게 됩니다.

사람의 방법

앞에서 살펴보았듯 성화에는 사람의 참여가 포함됩니다. 사람은 어떻게 성화에 참여할 수 있을까요? 성화의 삶은 베드로가 말하듯 죄에 대해 죽고, 의에 대해 사는 것으로 나타납니다. "친히 나무에 달려 그 몸으로 우리 죄를 담당하셨으니 이는 우리로 죄에 대하여 죽고 의에 대하여 살게 하려 하심이라"(벧전 2:24).

이 내용은 웨스트민스터 소요리문답 제35문답에도 잘 나타나 있습니다.

> 35문: 성화(거룩하게 하심)란 무엇입니까?
>
> 답: 성화는 하나님께서 값없이 주시는 은혜의 사역으로서(살후 2:13), 우리가 하나님의 형상을 따라 전인(全人)이 새로워지는 것이며(엡 4:23-24), 점점 더 죄에 대해서는 죽고, 의에 대해서는 사는 것입니다(롬 6:4, 6, 롬 8:1).

그렇다면 죄에 대해 죽고, 의에 대해 사는 것이란 무엇일까요? 소요리문답이 근거 구절로 삼고 있는 로마서 6장 4절과 6절을 보겠습니다.[2]

그러므로 우리가 그의 죽으심과 합하여 세례를 받음으로 그와 함께 장사되었나니 이는 아버지의 영광으로 말미암아 그리스도를 죽은 자 가운데서 살리심과 같이 우리로 또한 <u>새 생명 가운데서 행하게 하려 함이라</u>(4절).

우리가 알거니와 우리의 옛 사람이 예수와 함께 십자가에 못 박힌 것은 <u>죄의 몸이 죽어</u> 다시는 우리가 죄에게 종노릇 하지 아니하려 함이니(6절).

위의 구절에서 보듯 죄에 대해 죽는 것이란 자신의 욕망을 내려놓고(갈 5:24), 의와 생명을 향해 나아가는 것을 말합니다. 그것이 신자의 삶입니다(롬 6:2, 4, 6, 8:1).

그리스도를 믿는 것에서 출발

칭의를 위해 그리스도를 믿어야 하듯, 성화를 위해서도 그리스도를 믿어야 합니다. 사람이 죄에 대해 죽고 의에 대해 사는 것은 십자가에서 죽으시고 부활하신 그리스도를 믿는 것에서 출발합니다.

칭의는 믿음과 직결되지만 성화는 그렇지 않다고 생각하는 경우가 간혹 있습니다. 성화에서 믿음보다 행위가 더 중요하다고 보는 것입니다. 잘못된 생각입니다. 성화 역시 믿음이 필요합니다. 성화의 전 과정은 오직 믿음을 바탕으로 진행됩니다. 우리는 오직 믿음으로 의롭게 될 뿐 아니라, 오직 믿음으로 거룩하게 됩니다.[3] 믿음 없이 성화가 있을 수 없습니다.

죄 죽임과 은혜 살림

성화를 실천하는 방법 중 가장 잘 알려진 것이 죄에 대해 죽고 의에 대해 사는 것입니다. 이를 '죄 죽임'(mortification of sin)과 '은혜 살림'(vivification of grace)이라고 합니다. 이러한 개념과 표현은 성경에 기초하며 종교개혁자 칼뱅이 잘 정리했습니다.[4] 존 오웬도 그의 책 『죄 죽임』(*The Mortification of Sin*)에서 같은 방식으로 정의합니다. 죄 죽임과 은혜 살림은 하이델베르크 요리문답 제70문답에서도 설명하고 있습니다.

> 70문: 그리스도의 피와 성령으로 씻겨진다는 것은 무슨 뜻입니까?

답: 그리스도의 피로 씻겨짐은 십자가 제사에서 우리를 위해 흘리신 그리스도의 피로 말미암아 은혜로 우리가 하나님께 죄 사함 받았음을 뜻합니다. 성령으로 씻겨짐은 우리가 성령으로 새롭게 되고, 그리스도의 지체로 거룩하게 되어, <u>점점 더 죄에 대하여 죽고 거룩하고 흠 없는 삶을 사는 것</u>을 의미합니다(겔 36:26-27, 요 1:33, 3:5, <u>롬 6:4</u>, 고전 6:11, 12:13, 골 2:11-12).

죄 죽임과 은혜 살림은 예수 그리스도의 죽음과 부활을 따라 행해집니다(웨스트민스터 신앙고백서 제13장 1절). 이 사실을 로마서 6장 10-11절이 잘 보여 줍니다. "그가 죽으심은 죄에 대하여 단번에 죽으심이요 그가 살아 계심은 하나님께 대하여 살아 계심이니 이와 같이 너희도 너희 자신을 죄에 대하여는 죽은 자요 그리스도 예수 안에서 하나님께 대하여는 살아 있는 자로 여길지어다." 죄 죽임은 우리가 먼저 시작하는 일이 아닙니다. 그리스도께서 우리를 구원하실 때 그 일을 시작하셨습니다. 그분이 이미 죽이신 것에 근거해 우리가 점차 죄를 죽여 가는 것입니다(갈 5:24). 이때 우리는 죄를 완전히 죽일 수는 없습니다. 다만 죄가 더 힘을 행사하거나 영향력을 미치지 못하게 제어합니다.

죄 죽임과 관련해 신약 성경에서 아주 잘 설명하고 있는

두 구절이 있습니다.

> 너희가 육신대로 살면 반드시 죽을 것이로되 영으로써 <u>몸의 행실을 죽이면</u> 살리니(롬 8:13).

> 그러므로 <u>땅에 있는 지체를 죽이라</u> 곧 음란과 부정과 사욕과 악한 정욕과 탐심이니 탐심은 우상 숭배니라(골 3:5).

두 구절 모두 신자가 이 세상에서 죄 죽이기에 힘써야 한다고 강조합니다.[5] 성화를 실천하려면 우리 안에 있는 죄를 죽여야 합니다. 이 일을 가장 잘 실천한 바울은 이렇게 고백합니다. "형제들아 내가 그리스도 예수 우리 주 안에서 가진 바 너희에 대한 나의 자랑을 두고 단언하노니 <u>나는 날마다 죽노라</u>"(고전 15:31).

마음 지킴[6]

성화를 실천하기 위해 죄에 대해 죽고 의에 대해 살려면 무엇보다 마음을 지켜야 합니다. 영혼의 부패와 불결로부터 순결하게 되는 성화는 인간의 마음에서 시작되기 때문입니다.[7] 마음은 삶과 밀접하게 관계되어 있어 우리는 마음이 은혜 아래에 있으면 순종하고, 죄 아래에 있으면 불순종하는 삶을 살게 됩니다. 마음이란 동기 부여의 근원이고 열정이 자리한 장소이며 모든 사고의 원천입니다.[8] 부패한 마음이 부패한 행동을 낳고, 이것이 반복되면 부패한 습관이 몸에 뱁니다. 부패한 습관은 성품과 인격을 부패시켜 그를 부패한 사람으로 만듭니다. 반대로 진정 거룩한 삶은 마음에서 자연스럽게 우러나오고, 마음이 원하는 바를 따라갑니다.[9] 마음은 모든 것의 시작입니다.

성화는 끊임없이 하나님께 마음을 드리고, 하나님에 대한 진실한 사랑과 거룩한 은혜의 신령한 영향력 아래 마음을 둠으로 가능해집니다. 마음을 지키지 못할 때 악한 생각이 마음에 자리하고 뿌리를 내립니다. 악한 생각은 외적 행위로 분출됩니다(마 12:34-37). 우리는 마음을 지켜 수많은 유혹을 뿌리칠 때 하나님의 형상을 드러낼 수 있습니다.

사람의 마음은 기본적으로 부패했지만(렘 17:9), 결정적 성화를 경험한 신자는 마음에 근본적인 변화를 경험했기에 성화를 이루려 하는 소망이 있습니다(요일 3:3). 그 마음을 지켜 우리를 거룩하게 하시려는 하나님의 은혜가 이루어지게 하는 것이야말로 성화를 실천하는 최고의 방법입니다.

하나님 사랑과 이웃 사랑

신자가 성화를 이루어 가는 모습은 크게 하나님 사랑과 이웃 사랑으로 나타납니다. 이를 실천하는 방법이 십계명에 잘 나와 있습니다.[10] 신자는 십계명의 가르침을 잘 배우고 실천함으로 하나님의 형상을 회복해야 합니다.

하이델베르크 요리문답 제115문답은 하나님께서 십계명을 설교하게 하시는 이유를, 우리로 하여금 이 세상의 삶을 마치고 목적지인 완전에 이를 때까지 하나님의 형상으로 더욱더 변화되고자 끊임없이 노력하고 하나님께 성령의 은혜를 구하도록 하기 위함이라고 고백합니다. 십계명이 제시하는 삶은 성화와 밀접한 관련이 있습니다.

115문: 이 세상에서는 아무도 십계명을 완전히 지킬 수 없는데 하나님은 왜 엄격하게 십계명을 설교하게 하십니까?

답: 첫째, 평생 동안 우리의 죄악 된 본성을 더욱더 알게 되고, 그리하여 그리스도 안에서 사죄와 의로움을 더욱더 간절히 추

구하도록 하기 위함입니다. 둘째, 이 세상의 삶을 마치고 목적지인 완전에 이를 때까지, <u>하나님의 형상으로 더욱더 변화되고자 끊임없이 노력하고 하나님께 성령의 은혜를 구하도록 하기 위함</u>입니다.

십계명을 실천하는 첫 번째 방법은 하나님 사랑입니다. 성화된 신자는 하나님을 알고 바르게 예배하며 하나님께 순종하고 영광을 돌리며 삽니다. 하나님을 따라 하나님과 같은 생각을 하며, 하나님께서 원하시는 대로 행하고, 하나님의 뜻에 반대되는 일은 아무것도 행하지 않게 됩니다.

다음으로 이웃 사랑입니다. 성화된 신자는 이웃을 자기 자신과 같이 사랑합니다(레 19:18, 갈 5:14, 약 2:8). 다른 사람들이 그에게 죄를 지을 때에도 기꺼이 용서하며(마 6:12), 이웃을 위해 기도하고, 이웃의 행복에 관심을 갖습니다. 이웃의 생명을 보존하는 일에 힘쓰고, 이웃의 가정과 재산을 지키며, 사회 정의와 인권, 가난하고 궁핍한 자들의 필요를 채우는 일에도 관심을 갖습니다. 자신의 재능을 이웃을 위해 사용합니다. 이웃과 더불어 기쁨과 슬픔을 나눕니다(롬 12:15).[11] 이를 통해 성회를 실천합니다.

자기 부인

두 가지 사랑의 실천은 자기 부인에서 시작됩니다.[12] 타락한 사람에게 나타나는 가장 흔한 죄성이 자기 사랑과 교만입니다. 하나님의 형상을 잃어버린 자에게 교만이 나타납니다. 죄의 뿌리를 따라가 보면 교만이 자리하고 있습니다. 죄란 우리가 하나님께 전적으로 의존하고 있음을 인정하지 않고 스스로 살아가기를 원하는 것입니다.[13] 죄의 결과로 가장 먼저 나타나는 현상이 자기 자신을 사랑하는 것입니다.

자기를 부인하고 그리스도께 나아가는 데서 성화는 시작됩니다. 자기 부인은 자기를 바르게 바라보고 건전한 자아상을 갖는 데서 시작됩니다. 자신이 누구인지를 바르게 인식하는 것이야말로 성화의 한 부분입니다. 그리스도인은 성령의 능력으로 옛 사람을 벗어 버리고 새 사람을 입은 사람이라고 했습니다(골 3:9-10).[14] 성화된 그리스도인은 자기 사랑에 탐닉하지 않습니다. 성화를 향해 나아가는 신자는 자기를 자랑하지 않습니다. 자기 유익을 구하지 않습니다. 자기 대신 하나님을 사랑하고, 이웃을 내 몸과 같이 사랑합니다. 그렇다고 자기를 사랑하면 안 된다는 말이 결코 아닙니다.[15] 하나님보다 자신을 높이는 것이 잘못입니다.

신자도 때로 자랑합니다. 무엇을 자랑할까요? "내가 부득불 자랑할진대 내가 약한 것을 자랑하리라"(고후 11:30). "지혜로운 자는 그의 지혜를 자랑하지 말라 용사는 그의 용맹을 자랑하지 말라 부자는 그의 부함을 자랑하지 말라 자랑하는 자는 이것으로 자랑할지니 곧 명철하여 나를 아는 것과 나 여호와는 사랑과 정의와 공의를 땅에 행하는 자인 줄 깨닫는 것이라 나는 이 일을 기뻐하노라"(렘 9:23-24).

길리기아의 제법 큰 도시 다소에서 태어나 로마시민권자로서 히브리어와 헬라어를 할 줄 알며, 당시 탁월한 율법학자인 가말리엘의 문하에서 율법을 배웠을 뿐 아니라 율법의 의로는 흠이 없었기에 누구보다도 자랑할 게 많은 바울은 이러한 자기 부인을 실천한 사람입니다. 그의 고백을 들어 봅시다.

> 내가 나 된 것은 하나님의 은혜로 된 것이니 내게 주신 그의 은혜가 헛되지 아니하여 내가 모든 사도보다 더 많이 수고하였으나 내가 한 것이 아니요 오직 나와 함께하신 하나님의 은혜로라(고전 15:10).

> ⁷무엇이든지 내게 유익하던 것을 내가 그리스도를 위하여 다 해로 여길뿐더러 ⁸또한 모든 것을 해로 여김은 내 주 그리스도

예수를 아는 지식이 가장 고상하기 때문이라 내가 그를 위하여 모든 것을 잃어버리고 배설물로 여김은 그리스도를 얻고 ⁹그 안에서 발견되려 함이니…(빌 3:7-9).

내게는 우리 주 예수 그리스도의 십자가 외에 결코 자랑할 것이 없으니(갈 6:14).

성화란 자신이 죄인임을 더욱 깊이 깨닫고, 하나님과 그리스도의 탁월하심을 바라보게 되는 일입니다. 참으로 성화된 신자는 오직 하나님을 높입니다. 자기를 자랑하기보다 하나님과 그리스도를 자랑합니다.[16] 설교자도 마찬가지입니다. 참으로 성화된 설교자는 설교를 통해 회중이 그리스도를 바라보게 만듭니다. 그렇지 못한 설교자는 회중이 그리스도보다 설교자 자신에게 주목하게 만들고, 회중을 그리스도의 추종자가 아니라 자신의 팬으로 만들려 합니다.[17]

성화의 열매

우리가 성령을 따라 행하며(갈 5:16) 성화를 실천하다 보면 결국 열매를 맺게 되어 있습니다. 거룩함은 눈에 보이는 현상으로 분명히 나타나야 합니다. "좋은 나무마다 아름다운 열매를 맺고 못된 나무가 나쁜 열매를 맺나니 좋은 나무가 나쁜 열매를 맺을 수 없고 못된 나무가 아름다운 열매를 맺을 수 없"습니다(마 7:17-18). 대표적인 열매가 성령의 열매입니다.[18] 사도 바울은 우리가 맺어야 할 성령의 열매를 다음과 같이 말합니다.

> [22]오직 성령의 열매는 사랑과 희락과 화평과 오래 참음과 자비와 양선과 충성과 [23]온유와 절제니 이같은 것을 금지할 법이 없느니라(갈 5:22-23).

사랑, 희락(기쁨), 화평, 오래 참음(인내), 자비, 양선, 충성, 온유, 절제, 이 아홉 가지는 모두 성령님께서 신자의 삶 속에서 열매 맺게 하시는 것들입니다. "성령의 열매"라고 했으니 우리가 맺기보다 성령님께서 우리로 하여금 맺게 해주시는 것입니다.[19] 물론 우리의 능동적인 참여를 전제로 합니다.[20] 이 열매들은 서로 분리될 수 없는 하나의 열매입니다. 열매라는 단어는 헬라어 원어에 따르면 단수입니다. 여러 열매를 언급하면서도 하나라고 말하고 있으니, 모든 열매는 결국 하나의 열

매라는 의미입니다.[21]

성화된 신자는 삼위 하나님으로부터 사랑을 받아 하나님께 사랑을 돌려드리며 이웃을 사랑합니다. 신자는 삼위 하나님께서 주시는 기쁨(희락)을 누리며 그 기쁨을 통해 이 세상에서 슬픔 가운데서도 승리하며 살아갑니다. 그리스도의 십자가를 통해 주어진 화평으로 화평의 복음을 누리고(엡 2:14-17), 화평을 전하며, 화평의 공동체를 세워 나갑니다(골 3:15). 어떤 어려움에 처해도 오래 참고 견딥니다. 하나님의 자비를 본받아(눅 6:36, 고후 1:3, 딛 3:4) 그리스도의 자비를 실천하는데, 사랑으로 보답하지 않는 자들에게도 선행을 베풉니다. 성령님께 인도받아 충성되고 신뢰받는 삶을 삽니다. 죄를 범하는 자들을 온화하게 타이르고, 회개해야 할 자에게 온화하게 훈계합니다(딤후 2:25). 육체의 욕구에 지배받는 자들과 달리 자신을 절제합니다.[22]

> 잠깐만!
> 칭의와 성화의
> 차이

칭의와 성화는 따로 떼어놓고 생각할 수 없습니다. 둘은 유기적인 관계로 얽혀 있습니다. 하나님께서 의롭다 하셨는데 거룩하게 하지 않으신 사람은 아무도 없습니다. 그렇다고 칭의와 성화를 혼합시켜도 안 됩니다. 둘은 분명히 구분해야 합니다.[1] 그렇지 않으면 구원의 확신에 큰 위협이 되고, 진정한 성화를 가능케 하는 수많은 위로와 유익을 잃게 될 것입니다. 그렇다면 칭의와 성화는 어떻게 다를까요? 웨스트민스터 대요리문답 제77문답을 통해 정리해 봅시다.

77문: 칭의와 성화는 어떤 점에서 다릅니까?

답: 성화는 칭의와 분리할 수 없게 연결되어 있지만, 그 둘은 다릅니다. 하나님은 칭의를 통해서는 그리스도의 의를 전가하시지만, 성화를 통해서는 하나님의 영께서 은혜를 주입하시고 그 은혜가 영향을 미칠 수 있게 하십니다. 칭의를 통해서는 죄가 용서되며, 성화를 통해서는 죄가 억제됩니다. 칭의는 하나님의 복수하시는 진노로부터 모든 신자들을 동일하게 자유하게 하되, 이 세상의 삶에서 완전히 자유하게 하기 때문에 결코 그들이 정죄에 빠지지 않게 됩니다. 성화는 모든 신자들에게 동일하지 않고, 이 세상의 삶에서는 아무에게도 완전하지 않으며, 다만 완전을 향해 자라 갈 뿐입니다.

칭의	성화
죄책을 해결	죄의 오염을 해결
법적이고 신분적인 변화	내적이고 실제적인 변화
신자 밖에서 일어나는 일	신자 안에서 일어나는 일
믿는 순간 단번에 일어나는 일	일평생 점진적으로 지속되는 일
죄 용서	죄 억제
천국에 들어갈 자격	천국의 복을 누리는 데 필요한 준비
모든 신자에게 동일함	신자마다 차이가 있음

7. 무엇을 통해 거룩해질 수 있는가?

성화의 수단

성화는 삼위일체 하나님이 이루시는 것이지만, 우리가 가만히 있어도 되는 것은 아니라고 했습니다. 성화에는 분명 사람의 능동적이고 실제적인 참여가 필요합니다. 성경에는 하나님께서 우리를 거룩하게 하신다고 직설 화법으로 하신 말씀도 있지만, 우리를 향해 "거룩하라"고 명령하시는 말씀도 있습니다.[1] 그 명령을 따르기 위해 우리는 직접 성화의 수단을 활용해야 합니다. 성화의 수단이란 다르게 말하면 은혜의 방편이고, 은혜의 방편이란 하나님께서 우리에게 은혜를 전달해 주시는 공식 통로입니다.

성화의 수단이자 은혜의 방편은 말씀, 성례, 기도입니다(웨스트민스터 소요리문답 제88문답, 웨스트민스터 대요리문답 제154문답). 이 세 가지는 하나님께서 우리를 거룩하게 만드시는 가장 기본적인 수단이며, 우리에게 주신 선물입니다. 하나님은 우리에게 거룩한 삶을 요구만 하시는 게 아니라 거룩한 삶을 사는 데 필요한 모든 방편도 주십니다.[2] 그래서 성경은 이렇게 말합니다. "너희 안에서 행하시는 이는 하나님이시니 자기의 기쁘신 뜻을 위하여 너희에게 소원을 두고 행하게 하시나니"(빌 2:13). "너희 안에서 착한 일을 시작하신 이가 그리스도 예수의 날까지 이루실 줄을 우리는 확신하노라"(빌 1:6).

말씀

하나님께서 주신 성화의 수단 중 가장 중요한 것이 하나님의 말씀입니다(딤후 3:15-17). 거룩하게 사는 데 상당히 실패했지만, 그럼에도 성화에 힘썼던 다윗은 말합니다. "청년이 무엇으로 그의 행실을 깨끗하게 하리이까 주의 말씀만 지킬 따름이니이다"(시 119:9). "내가 주께 범죄하지 아니하려 하여 주의 말씀을 내 마음에 두었나이다"(시 119:11). 예수님도 말씀하십니다. "그들을 진리로 거룩하게 하옵소서 아버지의 말씀은 진리니이다"(요 17:17).³ 바울도 말합니다. "지금 내가 여러분을 주와 및 그 은혜의 말씀에 부탁하노니 그 말씀이 여러분을 능히 든든히 세우사 거룩하게 하심을 입은 모든 자 가운데 기업이 있게 하시리라"(행 20:32). 다윗, 예수님, 바울의 말은 모두 성령님의 감동을 받아 한 말이니, 하나님의 말씀이 성화의 수단이라는 사실은 너무나 명징합니다.

그렇다면 말씀은 어떻게 성화의 수단이 됩니까?

첫째, 말씀은 죄가 무엇인지, 왜 우리가 죄인인지를 가르쳐 줍니다. 성화되려면 가장 먼저 자신이 죄인임을 인식해야 하는데, 이 일을 바로 말씀이 합니다. 말씀은 우리가 죄인이라는 것과 그로 인한 비참함을 깨닫게 해줍니다. 특히 말씀 안에 있는 율법적 요소들이 그렇습니다.

사도 바울은 갈라디아교회를 향해 율법이 아니라 믿음으로 구원에 이른다는 사실을 강조합니다. 그런 다음, 그러면 율법은 도대체 왜 존재하는지 궁금하게 여길 것을 염두에 두고 "그런즉 율법은 무엇이냐 범법하므로 더하여진 것이라"(갈 3:19)는 말을 덧붙입니다. 로마교회를 향해서는 "죄가 율법 있기 전에도 세상에 있었으나 율법이 없었을 때에는 죄를 죄로 여기지 아니하였느니라"(롬 5:13), "율법으로 말미암지 않고는 내가 죄를 알지 못하였으니 곧 율법이 탐내지 말라 하지 아니하였더라면 내가 탐심을 알지 못하였으리라"(롬 7:7)고 말합니다.

특히 말씀은 죄를 구체적이고도 상세하게 설명합니다. 말씀은 우리의 내면을 꿰뚫어보는 신비로운 능력이 있습니다. 히브리서 4장 12절은 "하나님의 말씀은 살아 있고 활력이 있어 좌우에 날선 어떤 검보다도 예리하여 혼과 영과 및 관절과 골수를 찔러 쪼개기까지 하며 또 마음의 생각과 뜻을 판단하나니"라고 말합니다.

말씀은 내 안의 죄를 밝히 비춰 줍니다. 미처 깨닫지 못한 은밀한 죄도 드러냅니다. 말씀을 통해 하나님을 깊이 알수록 자신의 죄가 더욱 드러납니다. 거룩하신 하나님, 영광스러우신 하나님 앞에서 죄가 드러나는 것입니다. 말씀은 죄로 인해 멀어 버린 우리 영혼의 눈을 뜨게 해줍니다. 그리하여 하나님의 살아 계심은 물론 하나님의 가르침을 깨닫게 해줍니다. 무엇보다도 하나님의 말씀에는 우리 안에 하나님의 형상을 회복시킬 수 있는 힘이 담겨 있습니다.[4] 말씀을 통해 자신이 죄인이라는 것과 죄가 무엇인지를 깨닫고 나면, 우리는 그 죄를 죽이기 위해 성화에 힘쓰게 됩니다.

둘째, 말씀은 죄를 더 이상 짓지 못하도록 가르칩니다. 율법이 있다고 죄가 일어나지 않는 것은 아니지만 덜 일어날 수 있습니다. 율법은 죄를 억제하는 기능을 합니다. 결국 성화의 수단이 됩니다.

셋째, 말씀은 하나님께서 원하시는 삶을 살게 만들어 줍니다. 성화란 하나님께서 기뻐하시는 삶을 사는 것인데, 말씀을 통해 우리는 그 방법을 알게 됩니다. 말씀에는 신자의 삶에 적용되는 법칙이 담겨 있습니다. 하나님께서 원하시는 뜻과 우리의 의무가 기록되어 있습니다. 십계명이 대표적입니다. "…하지 말라"와 "…하라" 형태로 구성된 십계명은 우리가 이 세상에서 어떻게 살아야 할지를 가르쳐 줍니다. 삶의 표준과 법칙을 제시합니다. 이러한 율법의 기능으로 말씀은 우리가 성화에 이르는 중요한 수단이 됩니다.

"완전한 그리스도인을 키워 내는 데는 성경 전권이 필요하다"라는 오랜 격언이 있습니다.[5] 우리는 어느 말씀도 예외 없이 다 수단으로 사용해야 합니다. 여기서 한 가지 짚고 싶은 건, '말씀' 하면 흔히 성경 읽기를 떠올리지만 사실 설교 듣기가 더 중요하다는 것입니다.[6]

성례

성화의 또 다른 수단은 성례입니다. 성례란 세례와 성찬을 말합니다.[7] 성례는 우리의 믿음과 모든 은혜를 강화하고 증진시키는 수단입니다. 선포되는 말씀이 '들리는 말씀'이라면, 성례는 '눈에 보이는 말씀'입니다.

세례는 받는 순간은 물론 평생에 걸쳐 효력을 발휘합니다. 우리는 세례를 받음으로 그리스도와 함께 죽고 그리스도와 함께 다시 살아났음을 생각합니다(롬 6:3-4). 이러한 생각은 성화의 기초가 됩니다. 세례를 통해 원래 내가 어떤 사람이었는지를 생각하고, 그리스도의 보혈과 성령의 역사를 통해 죄 사함을 받았고 거듭났으며 거룩한 교회에 속했다는 사실을 기억합니다. 다른 사람이 세례받는 것을 보는 것도 의미 있습니다. 자신이 세례받을 때 했던 서약을 떠올리면서 현재의 모습을 돌아보게 되기 때문입니다. 이를 통해 더욱 믿음으로 살기를 다짐하며, 실제로 죄를 죽이고 의를 살림으로 거룩하고 의로운 생활을 하여 성화됩니다(웨스트민스터 대요리문답 제167문답).

한편 성찬은 준비할 때, 먹고 마실 때, 먹고 마신 이후에 계속해서 성화에 유익이 됩니다. 성찬을 준비하면서 우리는 자신의 죄와 부족함을 생각하게 됩니다. 자신을 살피게 됩니다(고전 11:28). 하나님을 아는 지식이 얼마나 부족한지, 믿음이 얼마나 약한지, 형제와 이웃에 대한 사랑이 얼마나 얄팍한

지, 그리스도를 향한 열망이 얼마나 식었는지를 보게 됩니다. 이를 통해 성화의 발판이 마련됩니다(웨스트민스터 대요리문답 제171문답).

우리는 거룩한 마음으로 성찬식에 참여해 성찬을 먹고 마시며 하나님의 은혜를 소원함으로 성화됩니다. 성찬의 재료를 제공해 주신 그리스도의 고난과 죽음을 묵상함으로 성화됩니다. 하늘에 계신 우리 주 예수 그리스도께서 신성으로 우리와 함께해 주님과의 연합과 교제를 확고히 해주심으로 성화됩니다. 성찬에 참여한 다른 지체들이 그리스도 안에서 한 몸을 이루고 있다는 사실을 생각함으로 성화됩니다(웨스트민스터 대요리문답 제174문답). 성찬이 끝나면, 하나님을 찬송하고 그 은혜가 계속되기를 바람으로 성화됩니다(웨스트민스터 대요리문답 제175문답).

기도

기도 역시 성화의 중요한 수단입니다.[8] 우리는 일반적으로 기도를 간구에 한정합니다. 하나님께 무언가를 얻어 내는 수단으로만 생각합니다. "우리 자녀 잘되게 해주세요", "내일 시험 잘 치게 해주세요", "승진하게 해주세요" 하는 내용이 대부분입니다.

하지만 하나님은 기도를 통해 우리의 죄를 죽이시고, 우리 안에 의를 살리시며, 우리를 날마다 거룩하게 만들어 가십니다. 기도한다는 것은 자신의 연약함을 알고 하나님의 전능하심과 높으심을 인정하는 가장 분명한 증거인데, 이것이 곧 성화의 과정이요 결과입니다. 시편 138편 3절은 말합니다. "내가 간구하는 날에 주께서 응답하시고 내 영혼에 힘을 주어 나를 강하게 하셨나이다." 기도를 통해 연약한 우리 영혼이 하나님께 힘을 받아 더욱 굳세게 됩니다.

기도하려는 마음을 갖는 데서부터 우리는 성화됩니다. 성화를 향한 마음이 없다면 기도를 할 수 없습니다. 죄는 우리를 기도의 자리로 나아가지 못하게 합니다. 온갖 핑곗거리와 피치 못할 상황을 만듭니다. 설사 기도의 자리에 있더라도 입을 열지 못하게 만듭니다. 그래도 굴하지 않고 기도할 때, 기도는 우리 안에 남아 있는 죄를 죽이고, 죄가 더 커지지 못하게 막으며, 죄의 유혹으로부터 우리를 지킵니다. 우리가 하나님을 더욱 의지하게 만듭니다.

19세기 영국의 목회자 존 라일은 "죄는 기도를 죽이고, 기도는 죄를 죽인다"고 말했습니다. 죄 죽임이 성화의 실천이라면, 기도는 성화를 위한 최고의 도구입니다.

기도 제목을 찾고 정하는 일을 통해서도 우리는 성화됩니다. 어떤 제목으로 기도할지를 고민하며 마음을 살피는 가운데 성화됩니다. 때로 정욕으로 쓰려고 구할 수도 있는데(약 4:3), '이것은 하나님께서 기뻐하시는 기도가 아니야' 하며 생각을 바로잡음으로 우리는 성화됩니다. 때로 하나님께서 원치 않으시는 제목으로 기도하다가 응답받지 못함을 통해 우리가 잘못 구했음을 깨닫고, 우리 안의 더러운 욕망을 발견하게 됩니다. 그리하여 결국 하나님나라와 의를 위해 간구하는 사람으로 바뀌어 갑니다(마 6:33).

기도는 응답 여부와 상관없이 그 과정에서 우리를 성화시킵니다. 하나님은 우리를 기도하게 하십니다. 응답을 늦추거나 아예 응답하지 않으시는 방식을 통해 더욱 하나님께 매달리게 하십니다. 우리의 무능함을 한없이 경험하며 더욱 기도하게 하십니다. 그 가운데 우리는 성화됩니다. 기도 시간을 더 확보하고, 기도의 골방을 마련하며, 육체의 게으름과 영혼의 싫증을 뿌리치는 일을 통해 성화됩니다. 그런 의미에서 응답 없는 기도란 없습니다. 하나님은 응답하지 않으시는 게 아니라 도리어 그 과정을 통해 우리를 성화시키십니다.

기도는 우리가 얼마나 성화되었는지를 판가름하는 시금

석입니다. 기도하지 않는 신자가 있다면, 그는 여전히 자신을 더욱 신뢰하는 사람입니다. 아직 성화와는 거리가 멉니다. 외식하는 기도를 하는 신자가 있다면(마 6:5, 16, 눅 18:11-12), 그는 자신이 누구에게, 무엇을 위해 기도하는지 모르기에 성화와 거리가 멉니다. 다른 사람이 보기에 큰 죄가 없는 것 같은데도 하나님 앞에서 눈물로 회개하고 기도한다면, 그는 보다 더 성화된 사람일 가능성이 높습니다. 응답받지 못했다고 기도를 포기하거나 하나님을 원망한다면, 그 역시 성화가 덜 된 것입니다. 우리는 성화될수록 응답과 상관없이 기도하게 됩니다. 기도는 단지 간구의 수단만은 아니기 때문입니다.

만일 성화에 진보가 없다면, 자신이 성화의 수단을 얼마나 부지런히 사용하고 있는지를 점검해야 합니다. 이 수단들에서 멀어져 있으면서 자신의 상태를 비관하는 것은, 물이 있는데도 마시지 않은 채 목마르다고 하소연하는 것과 같습니다. 말씀, 성례, 기도를 적극 활용해 보십시오. 한 걸음 더 나아가 있는 자신을 보게 될 것입니다.

8. 어디서 거룩함을 경험할 수 있는가?

성화의 기관

혼자 그리고 공동체에서

신독(愼獨). "아무도 없이 홀로 있을 때에도 도리에 어긋남이 없도록 말과 행동을 삼가다"라는 뜻입니다. 유교의 중요한 수양 방법 또는 실천 덕목이지요. 기독교 신자도 마찬가지로 적용해야 할 덕목입니다. 참된 신자는 홀로 있을 때에도 경건해야 합니다. 누가 보지 않아도, 아무도 없는 곳에서도 성화를 이루어 가야 합니다. 무인도에 살더라도 거룩함을 위해 힘써야 합니다. 『아무도 보는 이 없을 때 당신은 누구인가?』라는 책의 제목처럼 자신에게 물으며 살아야 합니다. 아무도 없는 것 같은 그곳에도 하나님이 계시기 때문입니다.

혼자 있을 때는 물론이고, 공동체에서도 거룩함을 이루어야 합니다. 하나님은 우리를 홀로 두지 않으셨습니다. 공동체는 우리가 성화를 경험하고 배우기에 가장 좋은 현장입니다.

제임스 패커는 그의 책 『거룩의 재발견』(*Rediscovering Hoilness*)에서 이렇게 말합니다.[1]

거룩해지기 위해 공동체로부터 자신을 고립시키겠다는 사고는 완전히 버려야 한다. 오히려 죄를 용서받은 자로서 하나님의 은혜에 감사하며 자신을 헌신하는 생활이 성결의 삶인 줄로 깨달아, 예배자와 일꾼과 증인으로서 가정과 교회와 더 큰 공동체 내에서 타인과의 관계를 통해 반드시 거룩함을 성취하겠다는 생각을 품어야 한다.

가정에서

이 세상 모든 사람은 가정을 경험합니다. 아주 예외적인 경우도 있지만 대부분은 그렇습니다. 어머니, 아버지가 계신 곳에서 태어나 그곳에서 삶을 시작합니다. 태어나 처음 만나는 부모는 가족이지만 나와 다릅니다. 형제자매도 저마다의 성향이 있습니다. 서로 다른 사람들이 한 집에서 살면서 성화를 배우고 경험합니다. 내 것만 고집해서는 안 된다는 것을 배우고, 양보하는 법을 익히며, 참을 인(忍)자의 의미를 새깁니다. 아버지가 어머니가 서로 사랑하고 순종하는 모습을 봅니다(엡 5:22-25). 자녀가 부모에게 순종하고, 부모가 자녀를 사랑하는 모습을 봅니다(엡 6:1-4). 이러한 모습을 보고 배우며 성화되어 갑니다.

그렇게 자라서 다시 또 다른 사람과 한 가정을 이룹니다. 그 사람은 내가 처음 만난 가족보다 훨씬 더 다릅니다. 전혀 다른 문화와 환경에서 자랐습니다. 이렇게 시작된 결혼생활은 성화를 배우기에 더없이 좋은 현장입니다. 한 남자와 한 여자가 결혼해 한몸을 이루어 보내는 모든 시간들이 성화의 과정입니다. 20-30여 년간 서로 다른 환경에서 자란 두 사람이 한 공간에서 시간을 보낼 때, 서로 인내하고 양보하는 가운데 성화되지 않을 수 없습니다. 생활 습관과 신앙 스타일 등을 서로 양보하면서 성화되어 갑니다. 하나님께서 짝지어 주신 것을 사람이 나누지 않으려고 부단히 애쓰면서 성화되어 갑니다.

교회에서

모든 신자는 개인으로 존재하지 않고 반드시 교회의 지체로 살아가게 됩니다(롬 12:4-5, 고전 12:12, 27, 엡 4:1-7).[2] 하나님은 우리를 구원하신 후, 혼자 내버려 두지 않으시고 교회의 지체로 살게 하십니다. 그러므로 예수님을 믿는 일은 교회 안에서 이루어집니다. 우리의 남은 구원, 즉 성화도 교회 공동체를 통해 진행됩니다. 신자의 성화는 개인으로서가 아니라 그리스도의 몸의 지체로서 이루어집니다.[3]

성화는 교회를 통해 어떻게 이루어질까요?

교회 안에는 다양한 구성원들이 있습니다. 저마다 성격과 인품과 재능이 다릅니다. 내 마음에 들지 않는 사람도 많습니다. 이런 사람들이 함께 모여 생활하다 보면 여러 이견이 생길 수 있습니다. 그러나 그들과도 교제해야 합니다. 한몸을 이루어 가야 합니다(고전 10:17, 12:12, 20). 함께 지어져 가야 합니다(엡 2:22). 그러한 과정을 통해 성격과 인격이 다듬어지고, 인내로 섬기는 가운데 믿음이 연단됩니다. 오래 참고 용서하는 법을 배웁니다. 마음에 들지 않는 사람도 사랑하는 법을 자연스럽게 배웁니다. 몸이 연약한 지체를 돌보고 영혼이 병든 지체를 위해 기도합니다. "만일 한 지체가 고통을 받으면 모든 지체가 함께 고통을 받고 한 지체가 영광을 얻으면 모든 지체가 함께 즐거워하느니라"(고전 12:26)는 말씀대로 다른 성도의 어려움을 나의 어려움으로 받아들입니다.

교회 공동체에는 믿음이 강한 사람도 있고, 약한 사람도 있습니다. 믿음이 강한 사람은 약한 사람을 돕고, 믿음이 약한 사람은 믿음이 강한 사람을 통해 배웁니다(롬 15:1). 동료 그리스도인들의 모습을 보면서 그리스도를 닮는다는 것이 무엇인지를 배웁니다. 그들의 모범에 영감을 얻고, 기도로 격려를 받으며, 사랑의 권면으로 바르게 되고, 지지로 용기를 얻습니다. 한몸 된 교회를 통해 즐거워하는 자들과 함께 즐거워하고 우는 자들과 함께 울면서 성화되어 갑니다(롬 12:15). 형제를 사랑해 서로 우애하고 존경하며(롬 12:10) 피차 가르치고 권면해 죄의 유혹에 빠지지 않도록 하며 서로 덕을 세우는 것은 성화를 배우는 최고의 방법입니다(골 3:16, 살전 5:11, 히 3:13).

신자는 결코 독립된 단위로 존재하지 않습니다. 신자는 자신이 속한 교회의 성도들과 더불어 하나님의 아들을 믿는 것과 아는 일에 하나가 되어 온전한 사람을 이루고 그리스도의 장성한 분량이 충만한 데까지 이르러야 합니다(엡 4:13). 다른 신자들의 성화에 무관심하고 은혜, 사랑, 믿음, 지식, 순종, 거

룩함 안에서 그들의 성장을 촉진시키려 하지 않는다면, 그것은 곧 자신의 성화를 방해하는 것입니다.[4]

교회에 속하지 않고 개인적으로 신앙생활을 하는 것은 구원의 은혜를 온전히 이루지 못한다는 점에서 바람직하지 않습니다. 우리는 혼자 신앙생활을 할 때보다 다른 성도들과 교제할 때 그리스도에게로 더 충만하게 성장할 수 있습니다.[5] 지역 교회에 속해 다른 그리스도인들과 사귀는 것은 믿음이 자라는 중요한 방식입니다. 그러한 사귐은 사적으로나(시 101:4-7) 공적으로(행 2:42, 히 10:25) 계속되어야 합니다. 그것은 거룩함이 자라는 데 매우 유익합니다.[6]

그리스도인의 거룩함은 교회 공동체 안에서 나누는 사랑과 사귐 가운데서 제대로 표현됩니다. 하나님의 백성이 하나의 거룩하고 보편적이며 사도적인 교회가 되어야 한다는 부르심을 제쳐놓고는 거룩해지라는 부르심에 대해 이야기할 수 없습니다.[7] 성화되어 가는 삶은 결코 혼자 이루는 것이 아닙니다. 교회에 속한 모든 사람이 함께합니다. 그래서 성경은 '서로'라는 표현을 씁니다.

<u>마음을 같이하여 같은 사랑을 가지고 뜻을 합하며 한마음을 품어</u>(빌 2:2).

> 그러므로 피차 권면하고 서로 덕을 세우기를 너희가 하는 것같이 하라(살전 5:11).

> 오직 오늘이라 일컫는 동안에 매일 피차 권면하여 너희 중에 누구든지 죄의 유혹으로 완고하게 되지 않도록 하라(히 3:13).

> [24]서로 돌아보아 사랑과 선행을 격려하며 [25]모이기를 폐하는 어떤 사람들의 습관과 같이 하지 말고 오직 권하여 그날이 가까움을 볼수록 더욱 그리하자(히 10:24-25).

> [8]무엇보다도 뜨겁게 서로 사랑할지니 사랑은 허다한 죄를 덮느니라 [9]서로 대접하기를 원망 없이 하고 [10]각각 은사를 받은 대로 하나님의 여러 가지 은혜를 맡은 선한 청지기같이 서로 봉사하라(벧전 4:8-10).

우리는 개인의 신분에 머물지 않고 그리스도 몸의 지체로서 그리스도인다운 삶에 한 걸음 더 다가갑니다. 서로를 격려하고 잡아 주고, 함께 울고 함께 기뻐하며, 서로에게 본을 보입니다.[8] 교회는 성화를 실천하는 최고의 기관입니다.

사회생활에서

사회생활도 신자가 성화를 경험하는 좋은 기관입니다. 신자가 만나는 다양한 이웃과 삶의 현장은 성화를 실천하라고 하나님께서 허락하신 터전입니다.

신자는 이웃을 사랑해야 합니다. 가난한 사람과 사회적 약자에게 관심을 가져야 합니다(마 25:35-40, 잠 14:31, 9:17, 29:7, 눅 18:22). 차별하거나 혐오하면 안 됩니다(약 2:1-9).[9] 형편이 어려운 이를 환대하고, 공공의 선을 추구해야 합니다.[10] 정의를 추구하며(미 6:8, 암 5:25), 세상을 향해 바른 소리를 내야 합니다. 하나님의 말씀에 어긋나는 인종 차별, 빈곤, 낙태, 동성애, 이혼, 반인권 등에 대해 성경의 목소리를 대변해야 합니다. 각자의 자리에서 이를 실천하기 위해 힘써야 합니다.[11]

교회당에서 시간을 많이 보낸다고 성화되지 않습니다. 교회 모임에 많이 참석한다고 성화되지 않습니다. 기도원에 오래 머무른다고 성화되지 않습니다. 설교 시간에 눈물을 흘린다고 성화되지 않습니다. 신앙 이야기를 많이 한다고 성화되지 않습니다.[12]

다양한 사회 영역에서 골고루 균형 잡힌 삶을 살아야 합니다. 홀로 있을 때에도, 가정에서도, 교회에서도, 학교에서도, 직장에서도, 음식점 같은 공공장소에서도, 외딴섬에서도, 도시의 번화한 거리에서도, 오고가는 사람이 많은 지하철 환승역에서도 우리는 성화를 실천해야 합니다. 내게 주어진 모든 삶의 현장이 성화를 실천하는 터전입니다.

9. 누구를 닮아 거룩하게 되는가?

성화의 모델

하나님처럼

우리를 구원하신 하나님은 우리가 거룩하기를 원하십니다. 그런데 어느 정도로 거룩해야 할까요? 누구처럼 거룩해져야 할까요? 거룩해지려면 누구를 본받아야 할까요? 하나님은 하나님 당신처럼 거룩해지라고 말씀하십니다.

> …내가 거룩하니 너희도 거룩할지어다(레 11:45).

> …너희는 거룩하라 이는 나 여호와 너희 하나님이 거룩함이니

라(레 19:2).

그러므로 하늘에 계신 너희 아버지의 온전하심과 같이 너희도 온전하라(마 5:48).

¹⁵오직 너희를 부르신 거룩한 이처럼 너희도 모든 행실에 거룩한 자가 되라 ¹⁶기록되었으되 내가 거룩하니 너희도 거룩할지어다 하셨느니라(벧전 1:15-16).

그리스도인은 하나님처럼 거룩해져야 합니다. 하나님을 우리의 모델로 삼는 것은 그분의 명령입니다. 사도 바울도 말합니다. "그러므로 사랑을 받는 자녀같이 너희는 하나님을 본받는 자가 되고"(엡 5:1). 하지만 눈에 보이지 않는 하나님을 본받기가 쉽지 않습니다. 어느 정도가 거룩한 것인지 알기도 어렵습니다. 그렇다면 우리는 누구를 보면서 닮아야 할까요?

그리스도, 하나님의 형상

이를 위해 하나님은 당신의 형상이신 예수 그리스도를 보내

주셨습니다. 하나님은 우리가 볼 수 없지만, 예수님은 우리 눈에 보이는 하나님의 형상이십니다(요 1:18, 골 1:15, 히 1:3). 우리는 예수님을 닮음으로 하나님처럼 거룩해질 수 있습니다(롬 8:29, 갈 4:19).

사람은 태초에 하나님의 형상을 따라 지음받았습니다. 하지만 타락해 그 형상을 잃어버렸고, 성화란 그 형상을 회복하는 것입니다. 우리는 성화를 통해 하나님의 형상이신 예수 그리스도를 닮게 됩니다. 이를 통해 타락 이전에 가졌던 참 사람의 형상(reformed image)으로 회복됩니다.

실제로 성경은 하나님께서 우리를 구원하기로 작정하신 목적이 예수님의 형상을 닮는 데 있다고 말합니다.

> 하나님이 미리 아신 자들을 또한 <u>그 아들의 형상을 본받게 하기 위하여</u> 미리 정하셨으니 이는 그로 많은 형제 중에서 맏아들이 되게 하려 하심이니라(롬 8:29).

하나님은 당신의 형상을 본받게 하려고 우리를 택하셨습니다. 그리고 그 일을 계속 하십니다. 골로새서 3장 10절은 "새 사람을 입었으니 이는 자기를 창조하신 이의 형상을 따라 지식에까지 새롭게 하심을 입은 자니라"고 말합니다.

성화의 모델이신 예수님

우리는 그리스도를 본받아야 합니다(고전 11:1). 그런데 예수님의 무엇을 본받아야 할까요? 예수님이 하나님의 형상이라는 말은 사람이신 예수님의 외모를 뜻하지 않습니다. 예수 그리스도의 인격과 사역이 곧 하나님의 형상입니다.[1] 그러므로 우리는 그분의 생애 전체에 나타난 인격과 사역을 본받아야 합니다.

예수님의 생애는 처음부터 끝까지 성화로 이어져 있습니다. 예수 그리스도께서 육신을 입고 이 세상에서 공생애 사역을 감당하신 것은 우리에게 성화의 모델을 보여 주시기 위함입니다. 예수님께서 공생애 가운데 행하신 모든 일들이 우리에게 본이 됩니다(히 5:8-9).[2]

예수님은 성령으로 동정녀 마리아의 자궁에 임신된 그 순간부터 성화를 시작하면서 죄, 유혹, 사탄의 세계에 맞추어져 있는 우리와 동일하게 연약한 육체를 가지고 완전히 거룩한 삶을 사셨습니다.[3] 성육신부터 이미 성화였으니, 바울은 "그는 근본 하나님의 본체시나 하나님과 동등됨을 취할 것으로 여기지 아니하시고 오히려 자기를 비워 종의 형체를 가지사 사람들과 같이 되셨고 사람의 모양으로 나타나사 자기를 낮추시고 죽기까지 복종하셨으니 곧 십자가에 죽으심이라"(빌 2:6-8)고 말합니다. 그러면서 "너희 안에 이 마음을 품으라 곧 그리스도 예수의 마음이니"(빌 2:5)라고 말합니다. 예수님은 "아버지 저들을 사하여 주옵소서 자기들이 하는 것을 알지 못함이니이다"(눅 23:34)라고 말씀하시며 죽는 그 순간까지 성화의 본을 보여 주셨습니다(히 12:2).

예수님의 생애를 촘촘하게 기록하고 있는 복음서를 보십시오. 그분의 삶이 얼마나 아름답습니까? 그분의 삶은 열렬함으로 가득 차 있습니다. 어떤 죄의 모습도 찾아볼 수 없습니다. 천사도 흠모할 만한 아름다움을 지니고 계십니다.

우리는 마음속에 그리스도를 주로 삼아 거룩하게 하고(벧전 3:15), 범사에 그분에게까지 자라 가야 합니다(엡 4:15). 모든 삶 속에서 믿음의 주요 온전하게 하시는 이인 예수님을 바라보아야 합니다(히 12:2).

그리스도를 본받는다는 것은 그분이 행하신 특정한 사건을 따라 하는 것이 아닙니다. 그분이 행하신 삶의 정신을 우리 성품 안에 배게 하여 그분의 정신으로 사는 것을 의미합니다.[4] 그러므로 십자가를 짊어지고 행군하는 것이 성화가 아닙니다. 금식 기도를 하는 것이 성화가 아닙니다. 다른 사람의 발을 씻어 주는 것이 성화가 아닙니다.[5]

우리는 예수님의 가치관, 목표, 말씀, 행적을 본받아야 합니다. 그분의 하나님에 대한 경외심(눅 2:46-49), 온유함(고후 10:1), 담대함(눅 4:1-12), 관대함(마 20:1-15), 용서의 영(눅 23:34, 골 3:13), 긍휼(마 9:36, 눅 7:13), 인내(살후 3:5), 자기 부인(마 10:38, 16:24), 어둠의 권세와의 싸움(마 16:23, 막 1:13), 하나님의 뜻에 복종함(막 14:36, 요 4:34, 눅 23:46), 고난(마 20:22-23, 빌 3:10, 벧전 2:21-23), 타인을 섬김(막 10:43-45, 요 13:14-15) 등을 본받아야 합니다.[6]

예수님은 모든 그리스도인의 모델이십니다. 예수님의 삶은 그 자체로 완전한 성화의 삶입니다. 예수님은 하나님을 사랑하고, 이웃을 사랑하셨습니다. 성화의 한 방편인 십계명을 아주 잘 지키셨습니다.[7] 하나님의 완벽한 형상이십니다. 성화의 주체이자 근거요 또한 모델이십니다. 그래서 사도 바울은 말합니다. "내가 그리스도를 본받는 자가 된 것같이 너희는 나를 본받는 자가 되라"(고전 11:1).

예수님의 생애를 듣고 읽음으로

우리는 복음서에 기록된 예수님의 생애를 듣고 읽음으로 그분의 생애를 닮아 가야 합니다. 그분의 열정, 사랑, 자비, 화평, 온유, 절제 등을 닮아 가야 합니다. 복음서는 다른 성경과 달리 네 권으로 되어 있습니다. 예수님에 대해 다각도로 조명하며 그분의 삶 속에 담긴 거룩함을 본받게 해줍니다. 예수님의 생애와 사역에 관한 설교를 듣는 것은, 그분의 모습을 우리의 성화 모델로 삼기 위해서입니다. 그분이 어떤 삶을 사셨으며, 무엇을 추구하셨는지를 듣고 읽으며 성화를 이루어 가야 합니다. 그리스도를 본받아, 그리스도를 닮아, 하나님의 완전한 형상으로 회복되어야 합니다.

10. 완전하게 거룩해질 수 있는가?

완전주의의 허구성

우리의 성화는 늘 불완전하다

거룩하기를 갈망하는 신자는 종종 괴로움을 느낍니다. 여전히 앞으로 나아가지 못하고 제자리걸음하는 자신을 발견하기 때문입니다. 완전하게 거룩해지려는 소망을 가진 신자라면 누구나 이러한 자괴감을 경험합니다. 기대치와 목표가 높을수록 자괴감은 심해집니다. 열심을 내는 신자일수록 성화의 문제로 힘들어 할 수 있습니다. 거룩함과 거리가 먼 사람은 오히려 아무렇지 않게 허허거리며 잘 사는데, 그들보다 몇십 배 더 거룩하게 사는 사람이 더 아파하고 힘들어 하는 모습을 종종 봅니다.

    양심의 불편함을 갖는 것은 좋지만, 자신의 처지를 비관하거나 구원받음을 의심하는 것은 바람직하지 않습니다. 세상에서 가장 거룩한 신자라도 완전하게 거룩해지기란 불가능하기 때문입니다. 누구보다 거룩하게 살았던 사도 바울조차 이렇게 고백합니다.

> 내가 이미 얻었다 함도 아니요 온전히 이루었다 함도 아니라 오직 내가 그리스도 예수께 잡힌 바 된 그것을 잡으려고 달려가노라(빌 3:12).

    하나님나라가 그러하듯 성화는 이미(already) 이루어졌지만, 아직(not yet) 완성되지는 않았습니다. 그리스도인은 이 땅에서 상대적인 완전에는 도달할 수 있어도(빌 3:15), 절대적인 완전에는 결코 도달할 수 없습니다(빌 3:12).[1] 신자는 죄의 세력으로부터 구원하는 성령의 은혜를 받았지만, 죄에 대한 완전한 승리와 모든 악함으로부터 자유를 누리는 단계에는 결코 이를 수 없습니다. 대부분의 신자가 심히 약하며,[2] 혹여 아주 높은 단계의 성화에 도달했다 할지라도 하나님 보시기에는 여전히 불완전하고 너럽습니다.

성경에 기록된 훌륭한 인물들의 삶만 보더라도 완전한 사람은 단 한 명도 없습니다.[3] 다윗은 밧세바와 동침하는 범죄를 저질렀고(삼하 11장), 솔로몬은 교만의 죄에 빠졌습니다(왕상 11:1-13). 베드로는 바울에게 책망을 들었습니다(갈 2:11-12). 야고보는 우리가 다 실수가 많다고 했습니다(약 3:2). 바울은 자신을 가리켜 죄인 중의 괴수라고 했습니다(딤전 1:15). 과거에는 악한 죄인이었지만 회심 후에 탁월한 주님의 사역자로 살아간 그는 "오호라 나는 곤고한 사람이로다 이 사망의 몸에서 누가 나를 건져내랴"(롬 7:24)라고 고백하지 않을 수 없었습니다.

굳이 성경을 찾아보지 않아도 알 수 있습니다. 우리의 삶을 돌아보십시오. 아무리 거룩해 보이는 사람이라도 흠결이 있습니다. 가장 경건한 그리스도인도 늘 죄와 싸우고 있습니다. 아우구스티누스, 루터, 칼뱅, 오웬, 에드워즈, 휫필드, 윌버포스 모두 완전한 그리스도인은 아니었습니다.

이처럼 우리가 거듭난 후에도 죄는 여전히 남아 있고, 단순히 남아 있는 정도가 아니라 신자의 삶을 지배하고 영향력을 행사하려 듭니다(갈 5:17).[4] 때로 우리는 무기력에 빠져 사탄의 먹이가 되기도 합니다. 아무리 노력해도 완전히 거룩하게 되지 않습니다. 어떤 의미에서 우리는 쳇바퀴 돌 듯 죄에서 벗어날 수 없는 삶을 살고 있습니다.

웨스트민스터 신앙고백서 제13장 2절과 제16장 4절, 웨스트민스터 대요리문답 제78문답에서도 이 문제를 다룹니다.

웨스트민스터 신앙고백서

제13장 성화(거룩하게 하심)에 관하여

2. 이 성화는 전 인격에 걸쳐 일어나지만(살전 5:23), 이 세상에서는 아직 불완전하다. 모든 부분에는 여전히 부패의 잔재가 남아 있어(요일 1:10, 롬 7:18, 23, 빌 3:12) 지속적이고 화해할 수 없는 싸움이 일어나며, 육체의 욕망은 성령을 거스르고 성령은 육체를 거스른다(갈 5:17, 벧전 2:11).

제16장 선행(착한 일)에 관하여

4. 순종에 있어 이 세상에서 최고 수준에 이르는 사람이라도 의무 이상의 것을 하거나 하나님께서 요구하시는 것보다 더 할 수는 없다. 그들은 의무로 행해야 할 일의 수준에도 크게 미치지 못한다(눅 17:10, 느 13:22, 욥 9:2-3, 갈 5:17).

웨스트민스터 대요리문답

78문: 신자들의 성화의 불원전함은 왜 생깁니까?

답: 신자들의 성화의 불완전함은, 그들의 모든 부분에 남아 있
는 죄의 잔재들과 성령을 거스르는 육체의 끊임없는 욕망에서
생깁니다. 이런 이유로 그들은 종종 유혹에 넘어가고, 많은 죄
에 빠지며(롬 7:18, 23, 막 14:66-72, 갈 2:11-12), 그들의 모든 영
적인 봉사에 방해받습니다(히 12:1). 그래서 그들의 최고의 행
위들도 하나님 눈앞에서는 불완전하며 더럽습니다(사 64:6, 출
28:38).

죄와 욕망이 여전히 남아 있는 불완전한 우리이기에 언제
라도 실패할 수 있습니다. 죄에 빠질 수 있습니다. 우리가 벌
이는 싸움은 지속적이고 장기적이며 때로는 지루합니다. 어
떨 때는 전혀 진전이 없는 것처럼 느껴지기도 합니다.[5] 그리스
도인의 삶은 이 세상과의 싸움이 모두 끝난 천상의 생활이 아
닙니다.[6] 아무리 이 세상에서 거룩하게 살았다 해도 하나님의
완전함에 미칠 수 없습니다(하이델베르크 요리문답 제114문답, 웨
스트민스터 소요리문답 제82문답, 웨스트민스터 대요리문답 제149문
답).

이 사실을 기억하십시오. 그리고 우리 삶에서 육체와 성령
의 다툼이 아무리 강렬하더라도 결코 낙심하면 안 됩니다(갈
6:9).[7] 죄와 씨름한다고 해서 자신이 그리스도인이 아니라고

생각하면 안 됩니다. 육체와 성령이 대립하는 것은 정상적인 그리스도인의 삶입니다(갈 5:17).[8] 성화된 신자는 죄를 전혀 안 짓고 완벽하게 사는 사람이 아니라 매일 죄를 신속하고도 철저하게 회개하는 사람입니다.[9]

이처럼 성화는 지상에서 불완전합니다. 육신의 죄악성은 죽을 때까지 완전히 극복되지 않습니다. 이것은 성경이 증거하며 우리의 경험이 인정하는 바입니다.

사람은 결코 이 세상에서 완전한 상태에 이를 수 없는데도 그렇게 가르치는 사람들의 거짓 가르침 때문에 좌절하는 경우가 있습니다. 아무리 최선을 다해도 완전함과는 너무나 동떨어진 자신의 모습을 보고 지금까지 한 일이 다 헛수고로 여겨질 수 있습니다.[10] 우리는 이런 가르침을 조심해야 합니다. 더 거룩해지고 은혜가 더할수록 그런 오해에 빠지기 쉽습니다.

완전주의가 성경적이라고?

그럼에도 완전주의가 성경적이라고 오해하는 이들이 있습니다. 교회 역사를 보면 언제나 완전주의를 주장하는 이들이 있었습니다.[11] 이런 오해는 어쩌면 성경 때문(?)인지도 모릅니다.

실제로 성경에는 완전히 거룩해지는 것이 가능한 것처럼 말하는 구절이 나옵니다.

> 그러므로 하늘에 계신 너희 아버지의 온전하심과 같이 <u>너희도 온전하라</u>(마 5:48).

> 그런즉 사랑하는 자들아 이 약속을 가진 우리는 하나님을 두려워하는 가운데서 <u>거룩함을 온전히 이루어</u> 육과 영의 온갖 더러운 것에서 자신을 깨끗하게 하자(고후 7:1).

> 평강의 하나님이 친히 <u>너희를 온전히 거룩하게 하시고</u> 또 너희의 온 영과 혼과 몸이 우리 주 예수 그리스도께서 강림하실 때에 <u>흠 없게 보전되기를 원하노라</u>(살전 5:23).

> <u>하나님께로부터 난 자마다 죄를 짓지 아니하나니</u> 이는 하나님의 씨가 그의 속에 거함이요 그도 범죄하지 못하는 것은 하나님께로부터 났음이라(요일 3:9).

> <u>하나님께로부터 난 자는 다 범죄하지 아니하는 줄을 우리가 아노라</u> 하나님께로부터 나신 자가 그를 지키시매 악한 자가 그

를 만지지도 못하느니라(요일 5:18).

이 구절들을 보면 하나님께로부터 난 신자는 죄를 짓지 않는다고 말합니다. 거룩함을 '온전히' 이루라고 명령합니다. 마치 우리의 완전함을 요구하고, 우리가 완전해질 수 있다고 말하는 것처럼 보입니다. 완전주의를 주장하는 사람들은 항상 위의 구절들을 근거로 자신의 주장을 정당화했습니다.

하지만 자세히 보면 그렇지 않습니다. 마태복음 5장 48절은 단지 우리가 추구해야 할 목표가 하나님의 절대적 거룩함에 있다는 것이지, 우리가 그 수준에 이를 수 있다는 말이 아닙니다.[12] 데살로니가전서 5장 23절도 우리의 완전함과 흠 없음을 요구하는 것처럼 보입니다. 하지만 본문은 기도의 맥락 속에서 한 표현으로, 그렇게 되기를 간절히 바란다는 뜻이지 믿는 사람이 그렇게 될 수 있다는 의미는 아닙니다.[13] 요한일서에서 말하는 '죄를 짓지 아니한다'는 말은 죄를 지속적으로 짓지 않는다는 것이지 아예 짓지 않는다는 말이 아닙니다. 다시 말해 하나님으로부터 난 사람은 완전히 자포자기해 계속해서 죄를 짓거나 즐기지 않는다는 말이지, 죄를 전혀 짓지 않는다는 말이 아닙니다.[14]

성경에는 완전주의와 거리가 먼 말씀도 많습니다. "범죄하지 아니하는 사람이 없사오니"(왕상 8:46), "내가 내 마음을 정하게 하였다 내 죄를 깨끗하게 하였다 할 자가 누구냐"(잠 20:9), "선을 행하고 전혀 죄를 범하지 아니하는 의인은 세상에 없기 때문이로다"(전 7:20).[15] 이 모든 말씀을 비추어 볼 때 완전주의는 성경적이지 않습니다.

신자가 이 땅에서 아무리 성화되더라도 완전한 성화에는 이르지 못합니다. 칭의는 지상에서 완전하지만, 성화는 지상에서 불완전합니다. 세상에서 가장 거룩한 그리스도인도 평생 동안 죄와 싸우며 성화를 이루어 가야 합니다.

완전주의는 아니지만, 완전을 목표로

우리는 완전주의를 추구하지는 않지만 완전을 목표로 삼아 성화를 이루어 가야 합니다. 완전하지 못하다고 해서 성화를 멈추면 안 됩니다. 피 흘리기까지 죄와 싸워야 합니다. 우리의 목표를 여전히 '하나님'이라는 절대적인 거룩함에 두어야 합니다.

그러므로 사랑하는 자들아 너희가 이것을 바라보나니 주 앞에서 점도 없고 흠도 없이 평강 가운데서 나타나기를 힘쓰라(벧후 3:14).

신자는 언제나 그리스도께서 주시는 힘으로 그리스도인의 완전함이라는 목표를 향해 나아가야 합니다.[16] 완전함을 위해 힘써야 합니다. 80점을 받더라도 100점을 목표로 해야 합니다. 80점을 목표로 하면 60점밖에 달성할 수 없습니다. 그러므로 성경은 완전히 거룩할 것을 요구할 뿐 완전하게 된다고 말하는 것은 아닙니다.

온전한 거룩함을 이루는 것이 그리스도인의 갈망이며 목표이지만, 그 소원은 마지막 때 비로소 성취될 것입니다. 그 전까지 신자의 삶은 죄의 세력에서 벗어날 수 없는, 아주 불완전한 삶일 뿐입니다.

완전을 허락하지 않으신 이유

우리가 예수님을 믿는 동시에 완전해진다면 얼마나 좋을까요? 더 이상 죄 때문에 고통받지 않아도 되고, 기독교 관련 범죄 뉴스로 인해 부끄러워할 일도 없을 텐데 말입니다. 그러나 하나님은 그렇게 하지 않으셨습니다. 왜일까요?

하나님은 당신의 크고 놀라운 지혜와 경륜을 따라 우리의 죄를 완전히 없애지 않으셨습니다. 그래서 구원받은 후에도 여전히 하나님을 의지하며 성령님의 도움을 간구해야 살 수 있게 하셨습니다. 은혜 없이는 한순간도 살 수 없는 존재임을 잊지 않게 하셨습니다. 우리를 겸손하게 하셨습니다.[17]

하나님께서 우리를 완전하게 하셨다면, 우리는 현재 상태에 만족할 것이고 하나님나라의 완성을 고대하지도 않게 될 것입니다. 이를 아시는 하나님은 이 땅에서 살아가는 우리의 모습을 불완전한 상태로 내버려 두셨습니다. 그것은 우리가 감히 이해할 수 없는 그분의 놀라운 지혜입니다.

우리는 이 사실을 깊이 인식하고, 좌절하기보다 오히려 날마다 죄와 싸워야 합니다. 게으름과 부주의함을 버리고 정신을 집중해 성령을 좇아 살기 위해 힘써야 합니다.[18]

감사하게도 하나님은 우리를 불완전한 상태에 두기만 하시는 게 아니라, 이 세상에서 끝까지 믿음의 경주를 할 수 있도록 힘을 더해 주십니다.[19] 갈라디아서 6장 9절은 "우리가 선을 행하되 낙심하지 말지니 포기하지 아니하면 때가 이르매 거두리라"고 말합니다.

죽음과 재림 때 완전히 거룩해질 우리

성화는 점점 자라 가지만 사람마다 차이가 있고 한 사람 안에서도 부침이 있습니다. 어떤 사람은 믿은 지 얼마 되지 않아 금방 성장하는가 하면, 어떤 사람은 믿은 지 제법 되었는데도 그리 성장하지 않습니다. 또 어떤 사람은 한동안 성화되다가 뒷걸음치기도 합니다.[20]

그러므로 자만하면 안 됩니다. 다른 사람보다 더 신앙이 좋다고 다 이룬 것처럼 우쭐해 하면 안 됩니다. 아무리 잘했을 때에라도 자신이 죄인임을 잊지 말고 정진해야 합니다.[21] "선 줄로 생각하는 자는 넘어질까 조심"해야 합니다(고전 10:12).

성화는 일평생 계속됩니다. 죽음에 이르기까지 완성되지 않습니다.[22] 이 사실은 인류에게 들어온 죄가 얼마나 무서운지를 잘 보여 줍니다. 평생을 씨름해도 해결하지 못하는 것이 죄의 문제입니다. 어쩌면 하나님은 우리가 평생 경주하도록 성화를 완전히 이루지 못하게 하셨는지도 모릅니다.

성화는 이 땅에서 완전히 끝나지 않는 하나의 과정이므로, 그리스도의 형상을 완벽하게 닮는다는 목표는 주님의 재림과 우리 몸의 부활 때에 가서야 비로소 이루어질 것입니다(살전 3:12-13).[23] 지상에서 불완전한 성화는 천상에서 완전하게 됩니다. 성화는 종말론적입니다. 죽음의 때에야말로 성화가 끝나고 영화가 시작되는 순간입니다.

주님께서 재림하실 때 우리의 성화가 완성된다는 사실을 다음 구절들이 분명하게 밝히고 있습니다.

> 너희 마음을 굳건하게 하시고 우리 주 예수께서 그의 모든 성도와 함께 강림하실 때에 하나님 우리 아버지 앞에서 거룩함에 흠이 없게 하시기를 원하노라(살전 3:13).

> 그러나 이제는 너희가 죄로부터 해방되고 하나님께 종이 되어 거룩함에 이르는 열매를 맺었으니 그 마지막은 영생이라(롬 6:22).

> 우리가 흙에 속한 자의 형상을 입은 것같이 또한 하늘에 속한 이의 형상을 입으리라(고전 15:49).

성화는 그리스도의 형상을 덧입는 것입니다. 우리는 이 세상에서 그 일에 조금 참여할 뿐이고, 마지막 날에 비로소 하늘에 속한 이의 형상을 온전히 입게 될 것입니다. 영광의 상태에 이를 때, 더 이상 죄와 싸울 필요 없이 완전한 승리의 날을 살게 될 것입니다. 영광 가운데 티나 주름 잡힌 것 없이 거룩하고 흠 없게 될 것입니다(엡 5:27).

    우리가 죽을 때에는 우리의 영혼만 영화될 것입니다. 예수님께서 재림해 우리의 몸을 다시 살아나게 하실 때 비로소 우리의 몸까지 영화될 것입니다. 이로써 전인격적인 영화가 완성됩니다. 이렇게 성화가 완성되는 날, 우리는 영화로우신 그리스도를 완전히 닮게 될 것입니다. 그날을 고대합시다. 그날이 속히 오기를 간절히 바랍시다. "우리 생명이신 그리스도께서 나타나실 그때에 너희도 그와 함께 영광중에 나타나리라"(골 3:4). 아멘 주 예수여 오시옵소서. 마라나 타(Marana tha, 계 22:20).

성화 관련 추천도서

성화 교리에 대해 더 깊이 공부하고 싶다면 다음의 책들을 읽어 보시기 바랍니다.

벨기에 신앙고백서 제24조

웨스트민스터 신앙고백서 제13장, 제16장

웨스트민스터 대요리문답 제75문답, 제77-78문답

웨스트민스터 소요리문답 제35문답

J. C. 라일 『거룩』

19세기 영국국교회 주교인 라일은 당시 영국 교회를 바라보며 거룩과 성화에 대해 깊이 있게 다룹니다. 앞부분에서는 성화 교리를 정리하고, 뒷부분에서는 현대를 살아가는 그리스도인이 어떻게 성화를 실천하며 살아갈 수 있는지를 이야기합니다. 성화를 다룬 많은 책들을 빠짐없이 인용할 정도로 탁월합니다.

루이스 벌코프 『조직신학』
웨인 그루뎀 『조직신학』
헤르만 바빙크 『개혁교의학』
앤서니 후크마 『개혁주의 구원론』
존 머레이 『구속』의 '성화' 부분

성화는 구원론의 핵심 교리 중 하나입니다. 조직신학과 구원론을 다룬 책 중에서 성화에 관한 부분은 무엇이든 읽으면 도움이 됩니다. 성화와 더불어 다른 구원의 은혜도 함께 살필 수 있다는 장점이 있습니다.

존 오웬 『죄 죽임』

성화를 실천하는 방법 중 하나인 '죄 죽임' 교리를 다룹니다. 이 분야에서 가장 탁월한 신학자인 존 오웬의 가르침은 아무리 강조해도 지나치지 않습니다.

박재은 『성화, 균형 있게 이해하기』

성화에서 가장 논쟁이 되는 주제는 성화의 주체가 하나님인가 아니면 인간인가 하는 것입니다. 이 책은 이러한 논의를 역사적으로 잘 다루고 있습니다. 과연 누가 주체인지, 어떤 입장을 취하는 것이 가장 균형 잡힌 견해인지를 확인할 수 있습니다.

싱클레어 퍼거슨 외 4인 『성화란 무엇인가』

성화에 대해 개혁주의, 루터주의, 웨슬리주의, 오순절주의, 신비주의적 관점에서 각 입장에 있는 사람들이 자신의 주장을 전개하고, 그에 대해 서로 다른 입장을 가진 사람들이 논평한 책입니다. 성화에 대한 다양한 입장을 통해 균형 잡힌 시각을 갖는 데 도움이 됩니다.

김남준 『거룩한 삶의 실천을 위한 마음지침』

거룩한 삶에 지대한 관심을 갖고 있는 김남준 목사의 성화에 관한 대표작입니다. 인간의 타락과 거룩함의 출발이 마음에 있다고 보고, 어떻게 마음을 지켜 성화에 이를 것인지를 탁월하게 설명합니다.

제임스 패커 『거룩의 재발견』

거룩과 성화를 일목요연하게 잘 정리하고 있습니다. 한 세미나에서 주

제 발표한 것을 기초로 저술했는데, 강의안이라기보단 작정하고 쓴 저술다운 느낌을 더욱 받습니다. 종교개혁자와 청교도에 대한 방대한 지식을 가진 저자이기에 읽을거리가 많을 뿐 아니라 주제에 대해 누구보다 선명하게 서술합니다.

브라이언 채플 『성화의 은혜』

탁월한 설교자요 설교학자인 브라이언 채플이 성화를 다룬 책입니다. 특히 성화의 삶이 우리 스스로가 성취하는 것이 아니라 '하나님의 은혜'임을 밝히는 데 주력합니다. 『기독교강요』는 물론 웨스트민스터 신앙고백서, 성화에 관한 여러 고전 등을 골고루 인용해 신학책 같지만, 그보다 더 많고 다양한 예화들 덕분에 에세이 느낌을 받습니다. 읽는 재미가 쏠쏠합니다.

미주

● 여는 글
1. 장 칼뱅, 『기독교강요』, 3권 11장 1절.
2. 칼뱅, 『기독교강요』, 3권 16장 1절.
3. 브루스 데머리스트, 『십자가와 구원』(부흥과개혁사, 2006), 547.
4. 존 맥아더, 『구원이란 무엇인가』(부흥과개혁사, 2008), 161.

● 1장
1. 종교개혁 전에는 '형상'과 '모양'이 서로 다른 뜻이라고 생각했으나, 종교개혁자들은 '형상과 모양'이라는 표현이 상호 교차적으로 사용되고 있음을 발견하고 이 생각이 잘못되었음을 지적한다. 이를 다음 세 부분에서 확인할 수 있다. ① 창세기 1장 26절에는 형상과 모양이라는 두 단어가 사용되지만, 1장 27절에는 "형상대로"만 나온다. 이러한 차이는 형상과 모양이 다르지 않음을 보여 준다. 그렇지 않다면 27절도 26절과 동일하게 "하나님의 형상을 따라 하나님의 모양대로"라고 했어야 한다. ② 창세기 5장 1절에는 "…하나님이 사람을 창조하실 때에 하나님의 모양대로 지으시되"라고 되어 있다. 1장 27절에는 "형상대로"라는 말만 나와 있는데, 5장 1절에는 "모양대로"라는 말만 나와 있으므로, 이 또한 형상과 모양의 의미가 다르지 않음을 보여 준다. ③ 창세기 5장 3

절에는 "…자기의 모양 곧 자기의 형상…"이라며 모양이 곧 형상임을 설명한다. 이처럼 "하나님의 형상과 모양대로"는 "하나님의 형상대로"라는 말로 줄일 수 있다. 그래서 웨스트민스터 소요리문답 제10답은 "모양대로"를 아예 언급하지 않고 "하나님께서는 사람을 남자와 여자로 창조하시되, 자기 형상대로 지식과 의와 거룩함이 있게 하사, 피조물을 다스리게 하셨습니다"라고 고백한다. 이에 대한 자세한 설명은 프란시스 나이젤 리, 『성경에서 본 인간』, 이승구 옮김(토라, 2006), 65; 존 머레이, 『조직신학 Ⅱ』, 박문재 옮김(CH북스, 1991), 44; 루이스 벌코프, 『조직신학』, 권수경, 이상원 옮김(CH북스, 2000), 413, 416; 이승구, 『기독교 세계관이란 무엇인가?』(SFC, 2004), 129; 기동연, 『창조부터 바벨까지』(생명의 양식, 2009), 71을 보라.

2. 김남준, 『거룩한 삶의 실천을 위한 마음지킴』(생명의말씀사, 2004), 26-28.

3. 여기서 '여자'라고 표현한 것은 매우 의도적이다. '하와'는 아담이 타락 후 에덴에서 쫓겨 나기 직전에 지어 준 이름이고(창 3:20), 이전에는 모두 '여자'라고 표현한다(창 2:23).

4. 이 책의 첫 시작으로 사람이 하나님의 형상대로 창조되었음을 다루는 이유는, 대부분의 신학자들이 성화를 정의할 때 하나님의 형상을 회복하는 것이라고 보기 때문이다. 마이클 호튼, 『언약적 관점에서 본 개혁주의 조직신학』, 이용중 옮김(부흥과개혁사, 2012), 654; 앤서니 후크마, 『개혁주의 구원론』, 이용중 옮김(부흥과개혁사, 2012), 273; 윌리엄 에임스, 『신학의 정수』, 서원모 옮김(CH북스, 1992), 226; 이윤석, 『성화란 무엇인가』(부흥과개혁사, 2017), 41-51; 벌코프, 『조직신학』, 784; Charles Hodge, Systematic Theology, vol. 3(1872-1873; Hendrickson, 2003), 221. 웨스트민스터 소요리문답 제35문답과 대요리문답 제75문답도 마찬가지다.

5. 타락 후 하나님의 형상이 얼마나 남았는지에 대해서는 개혁주의 신학 안에서도 여러 입장이 있다. 타락으로 하나님의 형상이 상당 부분 상실되었지만 약간은 남아 있다는 견해로 바빙크와 벌코프, 후크마 등이 있고, 전혀 남지 않게 되었다는 견해로 스킬더, 베르까우어 등이 있다. 더 자세한 논의는 후크마, 『개혁주의 인간론』, 이용중 옮김(부흥과개혁사, 2012), 33-34에서 볼 수 있다.

6. reformed image를 의도적으로 '개혁된 형상'이 아닌 '참된 형상'으로 번역했다. 타락한 형상이 개혁된 형상으로 변했다면, 그것은 곧 참된 형상으로 변한 것이기 때문이다. 리처드 백스터의 저서 Reformed pastor가 국내에서 『참된

목자』 혹은 『참 목자상』으로 번역된 것과 비슷한 의미다.
7. 벌코프, 『조직신학』, 449; 후크마, 『개혁주의 인간론』, 207, 239; 후크마, 『개혁주의 구원론』, 274.
8. 헤르만 바빙크, 『개혁교의학』, 4권 52장 [468].
9. 칭의와 관련해 '단단한 기독교 시리즈' 중 하나인 손재익, 『나는 하나님 앞에서 의로울 수 있을까?』(좋은씨앗, 2019)를 보라.

● 2장
1. 아우구스티누스는 요한일서 2장 16절을 토대로 육신의 정욕, 안목의 정욕, 이생의 자랑을 자신의 죄로 고백한다. 아우구스티누스, 『고백록』, 3권 1-3장.
2. 손재익, 『나는 하나님 앞에서 의로울 수 있을까?』, 81.
3. 김남준, 『거룩한 삶의 실천을 위한 마음지킴』, 36.
4. 칼뱅, 『기독교강요』, 3권 16장 1절; 토마스 R. 슈라이너, 『로마서』(BECNT), 배용덕 옮김(부흥과개혁사, 2012), 488.
5. 칼뱅, 『기독교강요』, 3권 11장 1절.
6. 이 개념은 웨스트민스터 신학교의 조직신학자 존 머레이가 주장했다. John Murray, "Definitive Sanctification," in *Collected Writings of John Murray*, vol. 2(Banner of Truth Trust, 1976), 277-293, 박문재 옮김, 『조직신학 II』(CH북스, 1991), 289-296. 이후로 대부분의 신학자들이 머레이의 주장에 동의한다. 결정적 성화 개념을 성경적, 주해적으로 잘 논증한 자료로 David Peterson, *Possessed by God: A New Testament Theology of Sanctification and Holiness*, NSBT(Apollos, 2000)를 보라. 결정적 성화 개념에 대해 비판이 없는 것은 아니다. 대표적인 비판자는 J. V. 페스코다. 그의 핵심 비판은 결정적 성화와 법정적 칭의는 개념상 차이가 없으므로 결정적 성화는 불필요한 개념이라는 것이다. 그의 견해에 대해서는 J. V. Fesko, "Sanctification and Union with Christ: A Reformed Perspective," *Evangelical Quarterly* 82, no. 3(July 2010): 197, 208; 같은 저자, *The Theology of the Westminster Standards: Historical Context and Theological Insights*(Crossway Books, 2014), 257을 보라.
7. John Owen, *The Doctrine of Justification*, Vol 5, ed. W. H. Goold(Johnston and Hunter, 1850-1853; reprint: The Banner of Truth Trust, 1965), 10, 65.
8. 후크마, 『개혁주의 구원론』, 288-289; Peterson, *Possessed by God*,

40, 55-57; Anthony C. Thiselton, *The First Epistle to the Corinthians*, *NIGTC*(Eerdmans, 2000), 76.

9. 슈라이너, 『로마서』, 371-372, 378.

10. 머레이, 『조직신학 II』, 290.

11. 이와 관련된 좋은 논의로 존 오웬, 『죄와 은혜의 지배』, 이한상 옮김(부흥과개혁사, 2011)과 김남준, 『죄와 은혜의 지배』(생명의말씀사, 2005)를 보라.

12. 로버트 레담도 웨스트민스터 신앙고백서 제13장 1절에 결정적 성화와 점진적 성화 개념이 모두 존재한다고 말한다. Robert Letham, *The Westminster Assembly: Reading Its Theology in Historical Context*(P&R, 2009), 278-279.

13. 윌리엄 젠킨은 "교황의 달력은 이미 죽은 자들만 성인으로 만들 수 있다. 하지만 성경은 살아 있는 자들에게 성도가 될 것을 요구한다"라고 말했다. J. C. 라일, 『거룩』, 장호준 옮김(복있는사람, 2009), 125-126.

14. 싱클레어 퍼거슨, 『거룩의 길: 성화를 위한 열 가지 청사진』, 오현미 옮김(복있는사람, 2018), 29.

15. 라일, 『거룩』, 22, 130; 강웅산, 『구원론』(말씀삶, 2016), 359.

16. 박재은, 『성화, 균형 있게 이해하기』(부흥과개혁사, 2017), 126.

● 3장

1. 칼뱅, 『기독교강요』, 3권 3장 10-11절; 토마스 R. 슈라이너, 『강해로 푸는 갈라디아서』(ZECNT), 김석근 옮김(디모데, 2017), 356.

2. 롱에네커는 두 본문이 관련된다고 말한다. 리처드 N. 롱에네커, 『갈라디아서』(WBC), 이덕신 옮김(솔로몬, 2003), 555.

3. 로마서 7장 21-23절에서 말하는 '나'가 누구인지에 대해 여러 견해가 있다. 개인적으로 나는, 가장 보편적인 입장인 '거듭났으나 여전히 죄로 인해 번민하는 나'로 본다. 이것은 아우구스티누스를 비롯해 칼뱅, 조나단 에드워즈, 찰스 핫지, 존 머레이, 크랜필드, 레온 모리스, 싱클레어 퍼거슨 등과 같은 입장이다. 이 본문의 다양한 입장에 대해서는 더글라스 J. 무, 『NICNT 로마서』, 손주철 옮김(솔로몬, 2015), 606-641; 슈라이너, 『로마서』, 461-475; 싱클레어 퍼거슨, 『성령』, 김재성 옮김(IVP, 1999), 180-187; 제임스 패커, 『성령을 아는 지식』, 홍종락 옮김(홍성사, 2002), 375-384; 박영돈, 『성령충만, 실패한 이들을 위한 은혜』(SFC, 2008 개정판), 237-243; 김남준, 『죄와 은혜의 지배』(생명의말

쏨사, 2005), 39, 77; 존 스토트, 『로마서 강해: 온 세상을 향한 하나님의 복음』(BST), 정옥배 옮김(IVP, 1996), 267-274; 라일, 『거룩』, 28-29, 78에 실린 설명을 보라.
4. 바빙크, 『개혁교의학』, 4권 53장 [477].
5. 슈라이너, 『강해로 푸는 갈라디아서』, 360, 368.
6. 조셉 얼라인, 『회개하지 않은 자에게 보내는 경고』 박문재 옮김(CH북스, 2015), 52. 이 책은 『천국에의 초대』(생명의말씀사, 2018)라는 제목으로도 출간되었다.
7. 존 머레이, 『조직신학 Ⅱ』, 310; 앤서니 후크마, 『개혁주의 구원론』, 295; 랄프 P. 마틴, 『고린도후서』(WBC), 김철 옮김(솔로몬, 2007), 213.
8. 후크마, 『개혁주의 구원론』, 296; 마틴, 『고린도후서』, 212; Paul Barnett, *The Second Epistle to the Corinthians*, NICNT(Eerdmans, 1997), 204.

● 4장
1. 후크마, 『개혁주의 구원론』, 273.
2. 하나님 사랑과 이웃 사랑의 방법에 대한 설명으로 손재익, 『십계명, 언약의 10가지 말씀』(디다스코, 2016)을 보라.
3. 맥아더, 『구원이란 무엇인가』, 165.
4. 제임스 패커, 『거룩의 재발견』, 장인식 옮김(토기장이, 2011), 36.
5. 패커, 『거룩의 재발견』, 41.
6. 패커, 『거룩의 재발견』, 259-264.

● 5장
1. 두 긴장 관계가 교회 역사에서 어떻게 나타났는지 잘 제시한 책으로 박재은, 『성화, 균형 있게 이해하기』를 보라.
2. 아우구스티누스, 『고백록』, 10권 29장 40절. 아우구스티누스의 이 말은 펠라기우스와의 논쟁을 야기한 것으로 유명하다. 펠라기우스는 아우구스티누스의 이러한 표현이 인간을 의지력이 결핍된 꼭두각시로 전락시키고, 기독교의 윤리적 노력을 저해한다고 주장한다.
3. 박영돈, 『성령충만, 실패한 이들을 위한 은혜』, 69.
4. 후크마, 『개혁주의 구원론』, 276; 슈라이너, 『로마서』, 489. 그리스도와의 연합과 성화의 관계에 대해 James S. Stewart, *A Man in Christ*(Harper, 1935);

Lewis B. Smedes, *Union with Christ*(Eerdmans, 1983)를 보라.
5. 칼뱅, 『기독교강요』, 3권 1장 2절.
6. 벌코프, 『조직신학』, 787.
7. 후크마, 『개혁주의 인간론』, 130.
8. 패커, 『거룩의 재발견』, 71.
9. 후크마, 『개혁주의 구원론』, 285.
10. 리처드 개핀, 『구원이란 무엇인가』, 유태화 옮김(크리스찬출판사, 2007), 136.
11. 존 오웬, 『죄 죽임』, 김귀탁 옮김(부흥과개혁사, 2009), 64.
12. 김남준, 『구원과 하나님의 계획』, 264.
13. 후크마, 『개혁주의 구원론』, 286.
14. 후크마, 『개혁주의 구원론』, 286.

● 6장
1. 손재익, 『나는 하나님 앞에서 의로울 수 있을까?』, 47-55.
2. 로마서 6-8장은 믿음으로 의롭다 함을 받은 사람이 어떻게 하나님 앞에서 살아야 하는가의 문제, 즉 성화의 실천을 다룬다.
3. 박영돈, 『성령충만, 실패한 이들을 위한 은혜』, 207.
4. 칼뱅은 성화를 "죄 죽임"과 "거룩한 새 삶 살기"의 구도 안에서 이해한다. 『기독교강요』, 3권 3장 3, 8-9절, 4권 15장 5절.
5. 존 오웬은 『죄 죽임』에서 로마서 8장 13절을 본문으로 설명한다.
6. 이 주제와 관련해 김남준, 『거룩한 삶의 실천을 위한 마음지킴』을 상당 부분 참고했다. 여러 부분을 인용해 페이지를 따로 표기하지 않았다.
7. 칼뱅도 성화를 다루면서 마음의 중요성을 강조한다. 『기독교강요』, 3권 6장 4절.
8. 패커, 『거룩의 재발견』, 29, 278-279.
9. 패커, 『거룩의 재발견』, 136.
10. 십계명을 상세하게 설명한 책으로 손재익, 『십계명, 언약의 10가지 말씀』을 보라.
11. 후크마, 『개혁주의 인간론』, 128.
12. 칼뱅은 성화를 설명하면서 '자기 부인'이라는 주제에 상당한 분량을 할애한다. 『기독교강요』, 3권 7-8장.

13. 후크마, 『개혁주의 인간론』, 240.
14. 후크마는 긍정적 자아상 회복을 성화와 연결시킨다. 후크마, 『개혁주의 인간론』, 156.
15. 후크마, 『개혁주의 인간론』, 150.
16. 이 주제와 관련해 김남준, 『자기자랑』(생명의말씀사, 2006)을 보라.
17. 손재익, 『설교, 어떻게 들을 것인가?』(좋은씨앗, 2018), 205-206.
18. 데머리스트, 『십자가와 구원』, 645-648.
19. 사랑은 성령에게서 오며(롬 15:30, 골 1:8), 희락은 성령의 사역이며(롬 14:17), 화평은 성령의 사역이 가져오는 결과다(롬 14:17). 슈라이너, 『강해로 푸는 갈라디아서』, 365-367.
20. Hans D. Bets, *Galatians: A Commentary on Paul's Letter to the Churches in Galatia, Hermeneia*(Fortress, 1979), 287.
21. Bets, *Galatians*, 286; Frank J. Matera, *Galatians, Sacra Pagina*(Liturgical Press, 1992), 202.
22. 슈라이너, 『강해로 푸는 갈라디아서』, 365-367.

● 잠깐만!
1. 칭의와 성화의 차이에 대한 좋은 설명으로 라일, 『거룩』, 93-95; 로버트 쇼, 『웨스트민스터 신앙고백 해설』, 조계광 옮김(생명의말씀사, 2014), 288-289도 보라.

● 7장
1. 퍼거슨, 『거룩의 길』, 59-60, 77-78; 무, 『NICNT 로마서』, 488.
2. 월터 마샬, 『성화의 신비』, 장호준 옮김(복있는사람, 2010), 298.
3. Peterson, *Possessed by God*, 30-31을 보라.
4. 칼뱅은 "하나님의 법에는 우리 안에 하나님의 형상을 회복시킬 수 있는 새로움이 내포되어 있다"라고 말한다. 『기독교강요』, 3권 6장 1절.
5. 퍼거슨, 『거룩의 길』, 11.
6. 하나님께서 우리에게 의도하신 바는 성경 읽기보다 설교 듣기라는 점에 대한 분명한 강조로 손재익, 『설교, 어떻게 들을 것인가?』, 63-67을 보라.
7. 성례에 대한 자세한 설명으로 손재익, 『특강 예배모범』(흑곰북스, 2018), 194-269를 보라.

8. 성화와 기도의 관계에 대해서는 김남준, 『성화와 기도』(생명의말씀사, 2004)를 보라.

● 8장
1. 패커, 『거룩의 재발견』, 41.
2. 손재익, 『사도신경, 12문장에 담긴 기독교 신앙』, 267.
3. 후크마, 『개혁주의 구원론』, 324.
4. 머레이, 『조직신학 Ⅱ』, 312-313.
5. 후크마, 『개혁주의 구원론』, 324.
6. 마샬, 『성화의 신비』, 356.
7. 고든 스미스, 『온전한 성화: 영적 성숙의 길』, 박세혁 옮김(국제제자훈련원, 2016), 44.
8. 후크마, 『개혁주의 구원론』, 277.
9. 손재익, 『십계명, 언약의 10가지 말씀』, 273-274.
10. 이와 관련해 송용원, 『칼뱅과 공동선: 프로테스탄트 사회 윤리의 신학적 토대』(IVP, 2017)를 보라.
11. 손재익, 『십계명, 언약의 10가지 말씀』을 보라.
12. 라일, 『거룩』, 83.

● 9장
1. 손재익, 『십계명, 언약의 10가지 말씀』, 122.
2. 칼뱅, 『기독교강요』, 3권 8장 1절.
3. 싱클레어 퍼거슨, "개혁주의적 관점," 『성화란 무엇인가』, 이미선 옮김(부흥과개혁사, 2010), 79.
4. 김남준, 『구원과 하나님의 계획』, 277.
5. 후크마, 『개혁주의 구원론』, 326; 웨인 그루뎀, 『조직신학 (하)』, 노진준 옮김(은성, 1997), 187; Reymond, *A New Systematic Theology of the Christian Faith*, 920.
6. 데머리스트, 『십자가와 구원』, 638.
7. 예수님께서 십계명을 어떻게 지키셨는지에 대해 손재익, 『십계명, 언약의 10가지 말씀』을 보라.

● 10장

1. 데머리스트, 『십자가와 구원』, 599.
2. 칼뱅, 『기독교강요』, 3권 6장 5절.
3. 라일, 『거룩』, 27.
4. 칼뱅, 『기독교강요』, 3권 3장 10-11절.
5. 퍼거슨, 『거룩의 길』, 156.
6. 슈라이너, 『강해로 푸는 갈라디아서』, 368.
7. 칼뱅, 『기독교강요』, 3권 6장 5절, 3권 7장 9절.
8. 슈라이너, 『강해로 푸는 갈라디아서』, 368.
9. 박영돈, 『성령충만, 실패한 이들을 위한 은혜』, 60.
10. 마샬, 『성화의 신비』, 287.
11. 완전주의에 대한 좋은 비판으로 다음을 참조하라. Charles Hodge, *Systematic Theology*(1871; Eerdmans, 1940), vol 3, 20-58; Benjamin B. Warfield, *Perfectionism*, in *The Works of Benjamin B. Warfield*, ed. Samuel C. Craig(P&R, 1968); 벌코프, 『조직신학』, 790-793; 패커, 『성령을 아는 지식』, 187-205; 후크마, 『개혁주의 구원론』, 304-319.
12. 그루뎀, 『조직신학 (중)』, 401.
13. 후크마, 『개혁주의 구원론』, 310.
14. 후크마, 『개혁주의 구원론』, 144-145, 309; 머레이, 『조직신학 II』, 293-294. 더 자세한 논의로는 다음을 보라. Colin. G. Kruse, *The Letters of John*, PNTC(Eerdmans, 2000), 126-132.
15. 그루뎀, 『조직신학 (중)』, 402; 벌코프, 『조직신학』, 790, 792.
16. 후크마, 『개혁주의 인간론』, 160-161.
17. 칼뱅, 『기독교강요』, 3권 3장 11절.
18. 칼뱅, 『기독교강요』, 3권 3장 15절.
19. 칼뱅, 『기독교강요』, 3권 3장 9절.
20. 라일, 『거룩』, 200; 패커, 『거룩의 재발견』, 285-288.
21. 라일, 『거룩』, 221.
22. 칼뱅, 『기독교강요』, 3권 3장 10절.
23. 데머리스트, 『십자가와 구원』, 611.